会話術をマスターする
誰でも魅了し、つながるための 25 の実績のあるテクニック

インプリント

本のタイトル: 会話術をマスターする
本のサブタイトル: 誰でも魅了し、つながるための 25 の実証済みテクニック
著者: ナターシャ ティレット スレイトン

著者: ナターシャ ティレット スレイトン
接触: wakdeamay@gmail.com

会話術をマスターする

誰でも魅了し、つながるための 25 の実績のあるテクニック

によって書かれた
ナターシャ・ティレット・スレイトン

インド
2024年

コンテンツ

第 1 章 – 決して悪い関係を起こさない方法

どうやってバージョンあり 不快なやりとり

誰もがもっとカリスマ的に見られたいと思っています。誰もが好かれ、魅力的になりたいと思っています。これらの言葉が何を意味するか考えたことがありますか?ある人がそれほど魅力的で魅力的なのに、別の人は退屈でイライラするのはなぜでしょうか?このガイドを読み終える頃には、開始時とは異なる答えが得られるかもしれません。

私たちは、より良い会話、社会的認識、知的な共感の基礎となる原則を検討し、友人、同僚、恋人との関係であっても、より魅力的でよりつながりのあるやり取りができるように支援します。

カリスマ的で魅力的な人になるための最大の障害は、魅力とは何かについての誤解です。会話が上手である必要も、内向的である必要もありません。

始めましょう。

私を反映してください

母親が赤ちゃんとどのようにコミュニケーションを取っているのかを観察したことがありますか?二人はじっと見つめ合い、母親は赤ちゃんが発する音や表情を増幅させます。

赤ちゃんも夢中になって見ています。あなたは、私たちの種がその始まりから使用してきた原始的で古代の形を目撃しています。

会話は口頭で行われるものと見なされがちですが、実際の社会的なつながりは、言葉が発声されるずっと前から始まります。ここでミラーリングが登場します。人間は社会的動物として、社会的状況を観察し、社会的状況に適応する能力を進化させてきました。そうすることで、私たちはもっと話を聞いてもらえ、理解され、グループの一員であると感じられるようになります。

ミラーリングとは、他人の非言語的または言語的コミュニケーションを模倣することです。それは、その人のボディランゲージや姿勢を真似たり、似たような言葉、抑揚、または話し方の量を使用したりするのと同じくらい簡単なことかもしれません。あるいは、相手の反応に合わせて似たような顔の反応を採用している可能性もあります。私たちはそれをとても自然にやっているので、何をしているのか言われる必要はありません。私たちがいつも言おうとしていることは、「私はあなたのことを理解しています」ということです。わかりました。わかりました。

ミラーリングはトリックではありません。それは良好なコミュニケーションと共感の基礎です。人々が反省しないときにどのように感じるかを想像してみてください。あなたは傷つきやすく動揺していると感じるかもしれません。話している相手は軽率に反応します。彼らの声はより大きく、口調はよりリラックスしており、ボディランゲージはよりエネルギッシュです。彼らが注意を払っているとは思わないでしょう?

あなたが誰かと良いニュースを共有しているとき、その人は声、表情、言葉を通して同じ興奮を示していないことを想像してください。彼らがあなたほど興奮していないことはわかっているかもしれませんが、あなたの興奮を反映することを拒否するのは失礼の表れです。

ミラーリングは、信頼、敬意、つながりを伝えるための優れた方法です。必ず使用する必要はありませんが、使用するとコミュニケーションが非常に簡単になります。これには科学的な証拠もあります。Journal of Experimental Social Psychologyに掲載された2008年の研究では、62人の学生に交渉を依頼しました。ミラーリングを使用した生徒は　67%　の確率で解決に到達できましたが、ミラーリングを使用しなかった生徒は 12.5% の確率で解決に達しただけでした。

カーハンら。Journal of Applied Psychology では、一般にミラーリングがより良い交渉を予測することがわかり、その効果は会話の最初の 5 分以内にすでに明らかでした。その理由を理解するのは難しくありません。交渉にとって、双方の共感と類似性をしっかりと伝えること以上に有益なことはありません。

ミラーリングは、すでに自然に行っていることを強化する方法です。それは当然のことでしょう。ここではいくつかの例を示します。

顧客が苦情の電話をしてきた。あなたはその苦情は些細なことだと思っていますが、彼らは明らかに腹を立てています。あなたも彼らと同じように話すことを選択します。あなたはピッチを下げて、より真剣に話します。彼らがゆっくり話しているので、あなたもゆっくり話します。「あなたがどこから来たのか理解しています」と言う代わりに、あなたは相手に自分の言いたいことを示します。

彼らが伝えている内容を思い出すことによって。これは言葉の鏡です。

あなたはデート中、相手にデートを楽しんでいることを伝えたいと考えています。あなたが外を歩いているときに、彼らがあなたの腕や肩に手を撫でることがあることに気づきました。数分後に同じことを行います。非言語信号は明確です。あなたが会話をしているときにテーブルの上に身を乗り出すと、彼らも同じことをします。あなたも笑顔で笑います。あなたは無意識のうちにお互いになりつつあります

年齢を重ねるにつれて、私たちは「ダイナミックカップリング」とアライメントをより意識するようになります。この非言語的共時性は、より明らかな事態の前兆です。

その後、シンクロニシティや心霊現象を経験することになります。

あなたは氷のセラピストのところにいて、不快な感情を表現しています。セラピストはあなたの言葉や姿勢を正確に真似するのではなく、「あなたにとってこれがどれほど難しいかわかります」と言い、それに応じて態度を変えます。もし彼がいなかったら

もしあなたが満面の笑みを浮かべていたり、退屈そうにしていたら、気づかれずに軽蔑されていると感じたでしょう。感情のミラーリングは、

それは、誰かの感情状態を比喩的に鏡にかざして、「あなたの気持ちがわかります」と言っているように聞こえます。しかし、時には、話を遮らずに積極的に聞いて、聞いたことを言い換えるだけのこともあります。

ミラーリングは、人々が気づいていないかもしれない方法で、見られている、聞かれていると感じさせる優れた方法ですが、それでも相手に温かく、あなたに対してオープンな気持ちを与えることができます。多くの人は、素晴らしい会話をするには、面白くて知的であることがすべてだと考えています。しかし、人々とあなたを本当に結び付けるものは、シンクロニシティです。あなたは彼らと同じ波長を持っていますか？わかりますか？それは言葉や認知的なつながりというよりも、むしろ感情的なつながりです。

ミラーリングが失敗する可能性があります。やりすぎたり、明らかになって物事を厄介にしないでください。あなたが「コピー」していることが人々に知られると、悲惨な結果になる可能性があります。婚約していないときは、決して誰かをミラーリングしてはいけません。それは操作的であるように見えます。紛争中にボディーランゲージや話し方を真似しないのも良いでしょう。目を丸くしたり、声を上げたり、悪口を言ったり、顔をしかめたりする様子を誰かに真似されたくないのは明らかです。怒ったり、取り乱したり、無礼になったりせずに、相手の気持ちを理解していることを示すためにできる限りのことをしてください。

ミラーリングは 1 対 1 で行う場合に最適に機能します。グループにいるときは、雰囲気を測り、それに合わせて非言語表現と言語表現を調整する方が良いでしょう。全員が低エネルギーでカジュアルな場合は、大声で話したり、興奮したりしないでください。会話に気を取られないようにしてください。誰かがあなたにミラーリングされていること、またはあなたがミラーリングしたときに相手の反応が良くないことに気づくことができるかもしれません。

言語的、非言語的、または感情的（または 3 つすべて）をミラーリングすることを選択できます。まずは小さなことからゆっくりと始めてください。ゆっくりと着実に接続してください。

心から。発生している影響を観察し、それに応じて調整してください。誰かの姿勢を真似すると、すぐに別の姿勢に切り替わってしまうことに気づくかもしれません。この状況では、物事を断ってください！

ミラーリングは誰かに対して行うものではないことに留意することが重要です。それはあなたが誰かに対してすることではありません。

誰かと一緒にやるんですね。ミラーリングは、他の人に注意を向け続けるのに役立ちます。

3 つの法則を使用する

心理学の創始者の一人として広く知られているウィリアム・ジェームスは、「すべての人間の最も深い欲求は評価されることである」と主張しました。私たちは自分の生活に忙しすぎて、他人に気づいたり感謝したりすることができないため、会話がうまくいかないことがよくあります。

マネジメントコーチのカール・アルブレヒトは、この傾向を克服し、より本物の会話をするのに役立つ公式を開発しました。彼は、すべての会話は 3 つの要素で構成されていると信じています。

宣言とは、事実または事実として提示された意見です。

質問

クオリアまたは「柔軟剤」。

このルールは、修飾子または疑問符なしで 3 つの宣言を使用しないことを示しています。これにより、私たちは人と話すのではなく、人々と話すことができるようになります。会話の大部分は口頭で行われるものではないことに常に注意してください。彼らはあなたの言うことを聞くだけでなく、彼らがどれほど彼らを尊敬し、評価しているかも聞きます。正しいことを言えても、会話が楽しくなければ失敗です。

もっと詳しく見てみましょう。宣言は事実に基づく記述です。人々が何かが真実であるかのように振る舞うとき、より現実的になります。特定の人々が講義をしているか、石鹸箱の上に立っているように見えることに気づいたかもしれません。会話のレパートリーがすべて宣言である場合、これが得られます。のトラブル

意見は必要以上に確信を持って表明されることがよくあります。たとえば、「イギリスはフランスのような革命を起こしたことはない」とか、「今日グルテンを食べたら馬鹿になるだろう」とか。実際には「聴衆」ではない聴衆を退屈させたり、イライラさせたり、軽蔑したりするかもしれません。

自分の情熱、意見、視点をすべて放棄する必要はありません。必要なのは、それらのバランスを保つことだけです。これは、思慮深い質問をすることで実現できます。これは、他の人に関心を示し、敬意を伝え、オープンになるための素晴らしい方法です。これは、会話が単に自分を表現する機会ではなく、協力的なものであることを示しています。　「私はフランス好きですが、そこに長い間住んでいたのですか？」

3　回目以降、何かを宣言しようとしている場合は、立ち止まって、代わりに自分自身に質問してください。「大統領選挙の討論会は混乱だった」と言う代わりに、「それについてどう思いますか？」と尋ねてください。

いくつかの条件や柔軟剤を使用することもできます。それは、人々を面と向かって殴ることなく、自分の考えを述べたり、何かを宣言したりするようなものです。私たちのほとんどは、これを行う方法を学ぶ必要があります。これは単なるマナーではありません。これは、たとえ意見に同意できなかったとしても、他人の意見を尊重することを示しています。例として:

「どうやら」や「間違っているかもしれないけど」などのフレーズを使う

これは、たとえ相手があなたの意見に反対していたとしても、他の人への敬意を表します。これは、あなたが特定の方法で見られたり聞いてもらいたいという自分のニーズよりも、他の人の感情や彼らとの関係を大切にしているというメッセージになります。

この 3 つのルールは簡単に使用できます。まずは、日常会話の中でこれら 3 つの要素の割合に気づくことから始めましょう。

他の人がどのように話すかに注目してください。自分自身の話し方にも注意を払う必要があります。あなたが楽しんだ会話のどれだけが宣言的なものだったのかに注目してください。

特に、それが自分が情熱を注いでいるものや、よく知っているテーマの場合は、自分の意見を詳しく述べたくなるかもしれません。ディスカッションの目的は自分の意見を詳しく説明することではないことを覚えておいてください。物語の両方の側面に耳を傾けると、あなたはより同情的で魅力的で好感が持てるように見えるでしょう。信じられないかもしれませんが、このルールにより、あなたもあなたも会話がもっと楽しくなります。

限定的な質問をしたり、限定語を使用したりすると、すぐに他の人は自分が注目されている、評価されていると感じることができます。そうすることで、あなたはよりカリスマ的で魅力的に見えるでしょう。人々はしばしば魅力的であろうとしますが、特定の方法で見られようとすることで会話を支配してしまいます。人は他人を良い気分にさせる人に惹かれます。それはとても簡単です！

会話は単純な事実調査や誰が最も賢いかを決めるコンテストではないことを忘れないでください。すべてはつながることなのです。次回、会話がうまくいかないと感じたときは、質問してください。最も興味深く最高の会話は、宣言をほとんどしない会話であることに気づくかもしれません。

「ARE」メソッドで雑談を避ける

あなたも多くの人と同じように「世間話が嫌い」ですか？あなたは世間話が嫌いではないかもしれませんが、それがどのように機能するのかを理解していないだけです。確かに、会話を始めるのは気まずいし、疲れてしまうことさえあります。しかし、実のところ、そうである必要はないのです。 ARE メソッドは、小さな話から仕事を取り除き、興味深い内容、つまり大きな話に到達するのに役立ちます。この本の後半では、雑談が必ずしも必要ではないことがわかります...)

ARE メソッドはキャロル フレミング博士によって作成され、3 つの簡単なステップを覚えやすくする頭字語です。

A = アンカー

あなたとその人を結びつけるものから始めてください。どんなに遠く離れていても、その人との共通点を探してください。賢くなる必要もなければ、面白い必要さえありません。ただ自然である必要があります。巧妙な「口説き文句」などを使わなければならないと考えると、神経質で不自然な印象を与えてしまいます。

このフレーズはさまざまな方法で使用できます。

R = 明らかにする

信頼関係を確立したら、アンカーに関連する自分自身について何かを明らかにしましょう。　　「私は昔からティラミスが大好きで、イタリア人の祖母に感謝しています！」と言えます。または、「私はここの出身ではないので、まだ寒いのが苦手だと思います...」

E = 励ます

相手に自分自身について少し話してもらうとよいでしょう。あなたはどうですか？あなたの好きなデザートは何ですか?

それだけです。その時点から、相手は物事を始めるために何かを言うのに十分な
きっかけを得るでしょう。ARE テクニックは文字通り従う必要はないことに注意する
ことが重要です。一度にスピーチをするのではなく、アンカーから始めて一時停止
して返事を待ち、その後自分のアイデアを明らかにし、再び一時停止して励ます
という方法も選択できます。）。

あなたはまだ、何が何なのか混乱しているかもしれません。これにも役立つ略語が
あります。この頭字語はFORMと呼ばれます

F ＝ 家族

それは常に安全なトピックです。彼らには何人の兄弟がいますか?子供たち？子
供たち？

O ＝ 職業

「何をしていますか？」と聞く必要はありません。むしろ、「あなたの仕事で一番好
きな部分は何ですか？」や「なんて魅力的ですか？」など、より具体的な質問をし
ましょう。ずっと犬催眠療法士になりたかったのですか？

R ＝ レクリエーション

趣味、映画、本、旅行、または単に自由時間に何をしているかについて尋ねること
ができます。彼らの好みや好みについて尋ねることもできます。

M ＝ モチベーション

また、彼らの目標、計画、ビジョンは何ですか?これは、彼らにとって何が重要で、
何が彼らを動機づけているのかについての質問です。

もちろん、上記のすべてを組み合わせることもできます。たとえば、「すごい！４人
兄弟！」と言うこともできます。私も大家族の出身です。　「年をとったらたくさんの
子供ができると思いますか?」と尋ねることで、家族とモチベーションを組み合わせ
ることができます。　「詩の先生に会ったことがありません。自由時間に詩を読むの
は好きですか?」と尋ねることもできます。これは、職業とレクリエーションの組み合
わせです。

多少の不都合が生じる可能性があることを認識しておく必要がありますが、心配する必要はありません。あなたが笑顔で好奇心を持っていれば、ほとんどの人は肯定的な反応を示します。自分の名前を何回も言うと、人々に覚えてもらいやすくなります。

次回会ったときに、彼らがあなたに話した内容を具体的に思い出すこともできます。「ああ、またこんにちは！」「娘さんの卒業式はどうでしたか？」

たとえすべてを正しく行っていたとしても、世間話が続かず、自分が撤退したくなるかもしれません。それで大丈夫です！これは会話のマンネリから抜け出すための素晴らしい方法です。言い訳はできますが、「必要」という言葉を使うことを忘れないでください。例：「あなたとのおしゃべりはとても楽しかったですが、私は子供たちの様子を見に行かなければなりません。なぜなら、子供たちがどのような状況になるかあなたは知っているからです！」または、「ああ、すみません。何年も会っていない友達に挨拶に行かなければなりません。」必要に応じて、話した内容を繰り返すような気の利いた言葉を言って、スムーズに話を終えることもできます。あなたに会えてよかったです！明日は頑張ってね！

長い応答を避けるために１分ルールを使用する

これは不快な真実ですが、それを受け入れることができれば、一夜にしてより良いコミュニケーションが取れるようになります。他の人は、あなたが自分自身について話すことにあなたが信じているほど興味を持っていません。悲しいけど本当だよ！人が自分のことを延々と話すと、どれだけ退屈するかを考えてみれば、それは間違いありません。

マーティ・ネムコさんは、特にとりとめのない会話の場合に、会話を改善するのに役立つ「信号機ルール」があると言います。あなたが「ランブラー」である兆候は何ですか？人々があなたを無視していると感じたら、それは危険信号です。あなたの話はおそらく興味深く、関連性があります。それを伝えるのに時間がかかりすぎます。

暗黙のルール：自分の主張を説明する時間が１分あると仮定します。それから会話を続けましょう。最初の 30 秒間は信号が緑色になり、メッセージが伝わっていると想定できます。

リスナーの注意。 30 秒以内にライトが黄色に変わり、リスナーの注意力が低下し始める可能性があります。1 分後、ライトが赤に変わり、相手がもう聞いていないことを示します。

話をしていると、聞くよりも話すほうが楽しいので、時間を忘れてしまいがちです。スタンドアップ漫画は「タイト 5」、つまり 1 ヒットが 5 分間のスピーチに何ヶ月もかかることを考えてください。多大な努力を払ったプロでも、聴衆の注意を5分以上維持できないこともあります。

話しているときに時計を確認することを意識する必要はありません。 1 分の長さを把握するために、タイマーを使用して自分で少し練習すると役立つかもしれません。視聴者の意見を聞くこともできます。彼らが夢中になって聞いたり笑ったりして、続けてほしいと懇願する場合は続けてください。彼らがそわそわし始めたり、退屈そうになったりした場合は、やめるべきです。彼らが疲労の兆候を示し始めたら、停止してください。容赦のない退屈という評判を得るだけだ。

他人のとりとめのない発言を容認する必要もありません。私たちは、次の言葉が入ってこないのではないかと心配して、必ずしも会話のバトンを渡したくはありません。会話には綱引きが含まれるのではなく、テニスの親善試合が含まれるということを忘れないでください。

常にボールを手に持っていると、ゲームをプレイしているとは言えません。必要に応じて、後でいつでも話すことができます。おしゃべり好きで、提供できる興味深い情報がたくさんあると感じても、落胆しないでください。あなたが魅力的であれば、人々はあなたの話にもっと耳を傾けるようになります。あなたのスピーチがとりとめがなく退屈だと他の人が感じているのではないかと思われる場合は、次のヒントを参考にしてください。

人々がもっと欲しがるようにしてください。一度にすべてを共有しないでください。興味があるなら、他の人に聞いてみましょう。あなたが話すと、もっと聞いてくれる人もいます。

いくつかのことを口に出さずに残しておきます。 「それでは、いつか私のことを思い出してください。このことについて話します」と言えば、その人はあなたに続きを強要することはありません。

詳細を説明しない場合は、恐れることなくストーリーを終了して続行できます。

減速する。直観に反するように思えるかもしれませんが、急いで自分の主張を主張しないでください。スピーチを伝えることに集中し、面白くなるように声を調節してください。

話す前に立ち止まって考えてください。事前にスピーチを準備する必要はありませんが、口を開けて話し始めてから何を言うかを決めるべきではありません。「えーっと」などの言葉を使わずに、沈黙する習慣を身につけると良いでしょう。

あなたが誰かと話しているとき、その会話は空中に浮かぶ風船であると想像してください。手で風船を跳ね返すたびに風船は高く上がりますが、すぐに沈み始めます。会話も弾み、みんなで順番に風船を跳ねさせます。決して低くなりすぎることはありません。悪い会話とは、風船を誰かが持っていたり、風船が地面に落ちたり、他の人にチャンスを与えずに一人で風船を跳ねさせたりするような会話です。立って見ていることに興味を持つ人はいないでしょう。

まとめ：

大多数の人は、魅力とは何かを理解していないため、話すときに魅力的ではありません。いくつかの特定のスキルを身につければ、誰でもカリスマ性を伸ばすことができます。

ミラーリングは、自分がつながりを持ち、相手を理解していることを示す優れた方法です。口頭、非言語、または感情的なミラーリングは、相手との信頼関係を築くのに役立ちます。

アルブレヒトの 3 つの法則は、よりバランスの取れた議論を行うのに役立ちます。つまり、バランスの取れた会話をするには、聞くことが重要です。スピーチでは宣言文（事実、意見、または事実として述べられた質問）、質問、修飾語（「柔軟剤」）を使用できます。1 つの文の中で 3 つ以上のステートメントを使用することは避けるのが最善です。代わりに、バランスをとるために質問をしてください。

ARE メソッドは、雑談をマスターするのにも役立ちます。それは「アンカー、明らかに、そして励ます」の略です。最初のステップは、相手と自分に共通する経験を特定することです。次に、このアンカーに関連するあなた自身の人生について何か明らかにしてください。最後に、自分の経験を共有するよう促します。

世間話のトピックを決めるときは、頭字語の FORM を使用します。これは、家族、職業(職業)、レクリエーション(趣味、興味)、モチベーションの略です。

長くて長引く応答を避けるために、1 分間の信号ルールを覚えておいてください。最初の 30 秒間は自由に発言できます。次の 30 秒間はオレンジ色のライトになるため、注意力が低下することに注意してください。 1分も経つと、視聴者の興味を失ってしまう可能性があります。短くしてください。

第 2 章 - 表面下での接続。

社会的なつながりと自我の停止

この本では、つながりというテーマに何度も立ち戻ってきます。それはすべて、会話の目的をどう見るかによって決まります。会話を、真の感情交換だけでなく、つながり、遊び、感謝の機会として捉えると、私たちの行動は異なります。

FBI 対諜報トレーニング センターで行動および対人関係のインストラクターを務めるロビン　ドリークは、効果的な会話中に自我を一時停止することの重要性を理解しています。シンプルですが、自分のエゴを止めるのは簡単ではありません。自分のニーズや欲求よりも他人のニーズや欲求を優先しなければなりません。

FBI 捜査官は、情報を入手する際に正確であることが自分たちの仕事ではないことを理解しています。情報を入手するのは常に彼らの仕事です。私たちはFBI職員ではありませんが、それでもより良い会話をしたいと考えています。他人の世界観に一時的に足を踏み入れるのは勇気がいることです。なぜなら、私たちは皆、自分をコントロールできて正しいと感じたいからです。皮肉なことに、エゴの停止は実際に有益である可能性があります。

これは、会話をよりコントロールし、自分の意見を聞いてもらうための簡単な方法です。

ドリーク氏は、「2人が会話をするとき、ほとんどの場合、お互いが相手が自分の話を終えるのを辛抱強く待ちます。」と述べています。次に、他の人が自分の話をします。これは通常、同様のトピックに関するものであり、多くの場合、より興味深く、より良いストーリーを実現しようとするためです。上手な自我の停止を実践している人は、自分が素晴らしい物語だと信じていることを伝えたいという自分の欲求を無視して、他の人に自分の物語を語るよう勧めます。

最後にこれをしたのはいつですか?私たちは皆、自分は気配りができて共感力があると信じたがりますが、実際はそうなのでしょうか？

自分が「宣言モード」に入っていることに気づきながら、逸話をロードし始める瞬間に注目してください。次に、意図的にそれを手放すことを選択します。他人の物語に少しだけ浸ってみてください。ストーリーを採用したり同意したりする必要はありません。ただ楽しませればいいのです。ただ聞いて。

正しく行われれば、たとえそれが自分に関するものでなくても、人は他の人との会話が興味深いだけでなく、価値があることに気づきます。あなたは「情報強迫的」衝動、つまり今話した内容と漠然と関連のある話をしたいという欲求を持っている可能性があります。自分の視点を加えるのではなく、相手の視点を理解するように努めてください。

あなたが全容を知る記者（または FBI 捜査官！）であると想像してください。話している相手から何か新しいことを学べるかもしれない、あるいは、あるトピックに対する彼らの視点があなたの視点よりも微妙で興味深いものであるかもしれない、と想像してみてください。ただし、それは自分のエゴを少しの間止めた場合に限ります。

最初は苦痛でも、自我を一時停止することはできます。

「はい、でも」ではなく「はい、そして」と言いましょう（この便利なテクニックについては本文の後半で説明します）。それはゲームチェンジャーです。細かい部分を修正したり、知識があることを証明するために役に立たない事実を追加したりすることは避けてください。同意しない場合は、それを矛盾した事実ではなく、追加の事実としてください。「はい、私も同意します。あまり浪費を心配する必要はありません。」潜在的な不足分を補うために予算を 10% 増額しても問題ないと思います。

たとえ連帯感を示したいとしても、彼らの話を自分の話に結び付けたいという衝動を抑えてください。誰かが「そうですね、私の家族はもともとマレーシア出身です」と言うとき、マレーシアでの休暇について話さないでください。詳しく説明してもらいます。「すごいね！子供の頃そこで育ったのね？」と言って、誰かのエゴを励ますことができます。

判断せずに検証してみてください。あなたが同意するか反対するかは重要ではありません。話している相手に対する関心と、相手の視点をどのように尊重し、認めているかを伝えるだけで済みます。

「あなたには権利があるでしょう」というような形でだけではなく、注意深く耳を傾けることが重要です。会話に全神経を集中し、誠実に返事をし、話の内容に真剣に耳を傾けましょう。判断したり、解釈したり、反応したりせずに、誰かの言うことをただ吸収してください。あなたが世界で最も興味深く重要な人物の前にいると想像してください。想像以上に会話が変わります。

ラポールの 3 つのレベルを理解する

会話の中で自分自身を想像して、自分がとても魅力的でカリスマ性があると感じたとき、何が見えますか?あなたは、自信に満ちていて、大胆で、完璧な人、あるいは少し傲慢な人を思い浮かべるかもしれません。魅力やカリスマ性について考えるとき、おそらく脆弱性については考えないでしょう。

これは、あなたが世間話をすることができ、十分にフレンドリーであるものの、表面的なことを超えてより深い個人的なつながりを築くことがないようである場合に当てはまります。ほとんどの人は、社会的に熟達しているということは、無敵であることだと思っています。彼らは、冷静で、冷静で、自信を持っていなければならないと信じています。それは逆です！

接続と脆弱性は密接に関係しています。ラポールは程度と考えることができます。段階的に誰かと知り合うことができます。まず、彼らについて少し学び、それから親密度を高めます。どうすればそのギャップを埋めることができるでしょうか?これは、自分自身をさらけ出す(つまり、弱さを共有する)瞬間の数を徐々に増やすことで実現できます。

ステージ 1: 光の開示

信頼を呼び起こし、人々に好かれるためには、自分自身が弱くなる必要があります。すぐに始めるわけではありません。軽い開示から始めて、徐々にステップアップしていきます。

あなたが比較的新しい友達で、秘密や過去の恥ずかしい話を共有したいと考えていると想像してください。小さな欠陥や無害な欠点を告白することもできます。

予想外の。話の内容はあまり関係ありません。ストーリーの背後にある意図を知ることが重要です。相手はメッセージを理解するでしょう。ここで、私はあなたに心を開いています、私はあなたを信頼しています... これは、あなたが穏やかに関係を進めたいという普遍的な兆候です。

新しい友人や知人に対しては、もう少しオープンになってみてください。共感できて遊び心のあるものを選びましょう。

「それは悪いことだと思いますか？」「ああ、それは悪いことだと思いますか？　私のあだ名はジョーズでした　」

Stag2: 中程度の開示

自分が好意的に受け入れられた場合、または他の人が自分の経験を明らかにして反応した場合にのみ、物事を次のレベルに進めることができます。これは、自分の心に近いアイデア、意見、信念を共有したり、個人的な経験を共有したりすることで実現できます。中程度の開示は、本当の自分を見せることになるため、より深刻です。軽い開示は遊び心があって面白いかもしれません。これを行うと、あなたが相手を信頼し、批判される可能性にもかかわらず、喜んでつながりを持っていることを示します。

「私の信仰は常に私の人生にとって非常に重要でした。このことに気づいている人は多くありません。」

ステージ 3: 重大な情報開示

自分の恐怖、弱さ、傷、脆弱性をオープンにし、共有することは強力です。そうすることで、親密な関係、信頼、温かい感情を築くことができます。誰かの前で警戒を解くことは、善意と信仰のしるしです。多くの場合、これは彼らに同じことをするように促します。このレベルは、最も親密な関係を築きたい人、そしてそれを獲得した人だけのために予約されています。

正直に言うと、離婚後は「これ以上続けたくない」と感じていました。その暗い穴から抜け出すのに長い時間がかかりました。」

さまざまなレベルの開示について知っておくべきことは次のとおりです。注意が必要です。ゆっくりと始めて、徐々に開示レベルを上げてください。大きなことから始めて、その後段階的に大きくすることはできません。

開示は人を特別にする。それはあなたと彼らの間に絆と友情を生み出すだけでなく、プライベートクラブも生み出します。みんなにすべてを話してはいけません！

開示は塩のようなもので、多すぎても少なすぎても料理が台無しになります。人間は感情的なつながり、共感、友情を持つように作られています。それは必ずしも、私たちが実際に何であるかを知っているという意味ではありません。「知り合い」のレベルを超えられないと感じた場合、あなたは脆弱であり、さらけ出されている可能性があります。

脆弱性とリスクなしには深いつながりを築くことはできません。あなたが誰であるかについての真実を知ると、人はあなたを傷つけるかもしれませんが、それは親密さの一部です。価値があります。情報開示を有効に活用する方法

あなたが今持っている人間関係や友人関係を見て、自分がどのような状況にいるのかを判断してください。近づきたい人を何人か選び、時間を決めてその人たちに本当の自分を明らかにしましょう。

彼らの反応を見てください。彼らが温かい返事をくれたり、返してくれたりしたら、おめでとうございます!おめでとう！あなたは関係を改善したばかりです。そうでなくてもパニックにならないでください。いつでも後退することができます。彼らが行きたいと示すまで、二度と明かさないでください。計算してチャンスをつかむこともできますが、的を外したり、ちょっと冷たい人に出会っても心配する必要はありません。

注意すべきことがいくつかあります。特に予期していない場合は、気分を害するような内容や不適切な内容を友人の膝の上に投げ込むのは避けてください。最もプライベートな問題を明らかにするときも、適切な判断と慎重さを保つ必要があります。開示が頻繁に行われるほど、脆弱性は大きくなります。多くの人が社会的通貨を獲得するためにトラウマを利用します。実際には、特定の目的を持った特定の個人と特定の情報を共有する方が、より良い結果をもたらします。週に 3 回ソーシャル メディアで悲惨な詳細を公開することは、脆弱性を構成するものではありません。

つながりのストーリーを構築する

smalltalk をマスターしたら (そして、マスターするのは思ったよりも簡単です。次に何が起こるでしょうか?

緊張を解くことはできますが、人々があなたに興味を持ち続け、一緒にいたいと思わせるためには、真の関係を築く必要があります。「つながりのストーリー」を伝えることは、これを達成するための素晴らしい方法です。これらは、人々が共感できる方法であなたが誰であるかを示すシンプルなストーリーです。

人間の社交性は、グループのメンバーをサポートし、生存を確保することだけでなく、どの人がグループのメンバーであるかを決定することでもあります。最良の状況でも、見知らぬ人は見知らぬ人です。見知らぬ人にならないようにするには、誰かがあなたの性格、動機、視点をよく知っている必要があります。私たちが知りたいのは、この人は私に似ていますか?答えが「はい」の場合、関係が形成されます。これがつながりの物語です。これらのストーリーは、私がさまざまな点であなたと似ていることを他の人に伝えます。

この戦術は職場や企業のブランディングや広告戦略で使用されます。ストーリーは私たちがコミュニケーションする方法の大きな部分を占めています。人間は物語を語るために造られました。誰かが「初めてジムのオフィスに入ったときのことを覚えています…」または「この女性と結婚するだろうと確信した正確な瞬間を話したいと思います」と言ってスピーチを始めるとき、彼らはこう言っています。あなた　これが私であり、私は多くの点であなたに似ています。

あなたのボディランゲージ、外見、話し方、行動などは、人々があなたの様子を意識的または無意識的に推測するのに役立ちます。つながりのストーリーを伝えることで、あなたが誰であるかについての認識をすぐに変えることができます。この物語は私の価値観と原則を表しています。」

ハーバード大学の心理学者ハワード・ガードナー氏は、「アイデンティティについての物語」とは、人々が自分とは何者なのか、その起源、そしてどこへ向かうのかについて考え、感じるのに役立つ物語であると述べています。

「指導者の文学の武器の中で最も強力な武器は作家の言葉である。」

有名な影響心理学者であるロバート・チャルディーニは、私たちは自分と似た人を見ると、より行動する意欲が高まる傾向があることを実証しました。実験では、ロバート・チャルディーニはさまざまな言語で手紙を書き、それを郵便受けの近くに置き、誤って落としたように見せました。スペイン語話者が多数を占める地域にスペイン語の手紙が投函された場合、その手紙は誰かに拾われて送られる可能性が高くなります。人々が同じ文化的背景をもつ他人に対してより親切になることは明らかです。このような親密な感覚を意図的に促進したい場合は、比喩的な手紙を書くときに正しい言葉を使用する必要があります。

興味深いつながりのストーリーを伝えるにはどうすればよいでしょうか?悪い話から始めましょう:

自分自身についての合理的な事実を列挙します。これは履歴書のように聞こえます。（たとえ職業上の場面であっても、人間的な一面を見せることが重要です！）

とりとめのないことをします。一度の会話ではあなたの性格を完全に伝えることはできません。人は複雑です。ただし、場合によっては、簡潔さが最善のポリシーとなることもあります。よく考えてみれば、長い逸話に代わる非常に短い物語が思いつくかもしれません。（「母は、私の最初の言葉は「ノー」だと言いました。これで私について必要なことがすべてわかります。」

あなたは誠実ではありません。何かを売りつけられたり、操作されていると感じたりすることを好む人はいません。つながりのストーリーは、伝えるよりも見せるときに最も効果を発揮します。「自己広告」を作成したように感じてしまうと、人々は興味を失ってしまいます。

あなたは何と言うでしょう？自己紹介をしなければならない状況に陥る前に、自分の核となる価値観について考えてください。徹底的な練習である必要はありません。自分にとって最も重要なことに集中してください。それはあなたの家族、信仰、公平性、正義などかもしれません。

人生の中で、この価値観が自分にとってどれほど重要であるかを理解したときのことを想像してみてください。この瞬間や気づき、そしてそれがあなたの現在の世界観をどのように形作ったのかを想像してみてください。あなたが出張中に娘が突然病気になったと想像してください。そして、家に帰る途中、彼女が 2 日以内に死ぬ可能性があることに気づきました。あなたは、どんなにお金があっても娘の代わりにはなれないことに気づきました。家に帰ったら、自分のライフスタイル全体を見直し、今は自分の条件に合わせて仕事をしています。

たった数行で聴衆に多くのことを伝えることができます。あなたは勤勉な人、子供がいる、家族を大切にする、有能な変革者である、リスクを取ることを恐れない、あなたは」何か新しいことに挑戦することに前向きで、物質主義的ではなく、自分の原則を慎重に検討し、傷つきやすいストーリーを伝えるのに十分な勇気を持っています。

『誰が一番いい物語を語るのか』の著者であるアネット・シモンズは、「あなたが誰なのか、そして何なのかを知らなければ、人々はあなたの言うことを聞かないでしょう」と述べています。これらを教えてください。聴衆との信頼関係を築くストーリーを確実に伝えるには、意味のある何かについての思慮深い、誠実なストーリーである必要があります。

新しい人、職場の新しい同僚、会ったばかりの友人に会う場合でも、自己紹介を恥ずかしがらないでください。うぬぼれている、または不適切だと思われても心配する必要はありません。人々が自分の本当の信念を共有するのを聞くのは、ほとんど元気づけられます。

それは誰に対しても敬意と信頼を呼び起こします。それは他の人にもそうするよう奨励します。こうやってつながりは広がっていきます！

カリスマ性を持ってラベルを貼り付ける

会話中のラベル付けは、注意を払っていることを示し、話された内容を思い出し、メッセージを伝える良い方法です。ラベル付けはミラーリングに似ています。私たちは基本的に、他人の経験のいくつかの側面を反映し、共感や理解などの感情を生み出します。例として：

「この状況全体に完全にショックを受けています...」

これは単純なミラーリングの例です。あなたも彼らと全く同じ言葉を使っています。ラベル付けがどのように行われるかを見てみましょう。

「あまりの状況に全く驚いてしまいました...」「完全に驚かれたようですね。」

他人の経験にラベルを付ける可能性が高くなります。彼らがショックを受けたと言っているのを聞くかもしれませんが、あなた自身の推測を立てて評価を提供することもできます。これは、子どもたちが自分自身をよりよく表現するための言葉を見つけるのにほぼ役立ちます。相手に「その通り！」と言わせることで、お互いの理解力が高まります。に応じて。

人は理解されるためにコミュニケーションをとります。理解にはさまざまなレベルがあります。相手の感情を読み取り、相手の言葉を理解していることを示すことができれば、すぐにつながりを築くことができます。

「私はこのすべてのことに完全にショックを受けています...」

あなたは物事が違う結果になることを望んでいたように思えます。

推測が正しければ、検証されている人はより理解されていると感じるでしょう。ラベル付けに関しては、物事が常に計画どおりに進むわけではないことは容易に推測できます。

それが失敗する場合、それは通常、相手の気持ちを正確に説明するのではなく、推測したことが原因です。

「私はこのすべてのことに完全にショックを受けています...」

このようなことが起こったので、あなたは自分自身に失望しているようです。

えっ、何？誰かの感情に間違ったラベルを付けると、不信感や疎外感を引き起こす可能性があります。あなたは診断したり、解釈したり、判断したりしようとしているのではありません。言い換えるだけです。最良のラベルは、実際には非常に基本的なものです。

その人が今言ったことと明らかな同義語を見つけてください。

「やあ、疲れた。」

「ああ、かなりお疲れのようですね。」

論理的には、あなたが提示している情報は新しい情報ではありませんが、相手の言葉を自分が受け入れ、処理し、理解し、それを相手に伝えたかのように感じさせることができます。これは大変お得です！

試す：

あなたは... のようです...

聞いたことを単に反映しているのではなく、解釈していることがすぐにわかります。「私は... だと思います」、「私はあなたを信じています...」、または「私の見解では...」などのフレーズを使用しないでください。

ラベリングは対立を和らげ、気まずい会話に明確さと解決をもたらすために使用できます。あなたがあなたの会社に腹を立てている理由のリストを持っている怒っている顧客と話していると想像してください。「あなたはこの件について本当に不満を抱いているようですね」と言うことができます。顧客は不満という言葉を使っていないかもしれませんが、あなたの正確な要約によって正当性が認められたと感じるでしょう。

コミュニケーションスキルを向上させたい場合は、ポジティブな感情に焦点を当て、ネガティブな感情や役に立たない感情にレッテルを貼らないようにすることをお勧めします。これは良い例です。

考えられる解決策に焦点を当てることで、苦情だけでなく賠償に至るよう顧客を促すことができます。これは主に直感に依存しますが、会話の根底にあるものを理解するには、積極的な傾聴と意識が必要です。この人は何について文句を言っているのでしょうか？彼らは問題を解決したいと考えています。

ラベルは、明確にし、共感を示し、信頼関係を築き、信頼を確立し、理解を示すために使用されます。これは、職場などのプロフェッショナルな環境でラベルを使用する賢い方法です。与えられたデータの背後にどのような感情があるのかを理解しようとします。すべての人のニーズが満たされるため、多くの誤解を回避し、プロセスを合理化することができます。）。

このテクニックは、誰かが期限や完了する必要があることについて話しているときに使用できます。その場合は、「時間内に終わらないのではないかと心配しているようですね」と返しましょう。細かいことに集中して不安を無視するよりも、はるかに強い信頼関係を築くことができます。

最後に警告します。アマチュアの精神分析医を好む人はいません。彼らが誰であるか知っていますね！

「今週末に控えている大家族のクリスマスイベントが怖い！」

共感を示すことと、判断を急ぐことを区別するのは難しい場合があります。

人の経験を「診断」または「病理学化」します。複雑な理論よりも、人の感情を表すラベル（「疲れた」や「心配している」など）の方が効果的です。これにより、その経験が無効になったと感じる可能性があります。

退屈しないでください

これはロケット科学ではありません。より良い会話をして人々に好印象を与えたいなら、退屈しないでください。

これは、退屈だと思う人の特徴や行動を調べ、その逆のことをすることで実現できます。退屈だと思われたくないかもしれませんが、私たちは皆、自分自身を認識していないために、時々そのような目に遭う可能性があります。退屈な行動をしないだけで、あなたのカリスマ性を向上させることは可能です。これには、少しの事前の検討と、「自分で編集する」という意欲が必要なだけです。

あなたが退屈だと思う人を想像してみてください。彼らの性格は何ですか？彼らはどんな人たちなのでしょうか？この研究を主導し、『Personality & Social Psychology Bulletin』に発表したWijnand A. P. van Tilburg氏が、何が退屈であるかについての固定観念は予測可能であることを発見したことを知っておくと興味深いかもしれません。人はこれらの特徴を持つ人を避けたり嫌ったりする傾向があります。

研究者たちが次のような特徴を特定したことは驚くべきことではありません。ユーモアのセンスがない人、収集などの退屈な趣味を持つ人、または自分の意見を表現できない人は、退屈だと考えられています。人々に架空の人物についての物語を読んでもらう実験では、これらの退屈な特徴を多く持つ人は、温厚でなく、能力が低いと判断されました。ああ！

読者は、物語の中の人物が退屈であるとは決して言われませんでした。彼らは単に特徴からこれを推測しただけです。ほとんどの人は、退屈な特徴を持っていない人と時間を過ごしたいと考えており、退屈な特徴を持っている人は避けたいと述べています。研究者らは、架空の人物と時間を過ごすのにいくら払うかを人々に尋ねることで結果を定量化した。数字が大きいほど、キャラクターは退屈になります。

この研究は知覚に関するものであることに注意することが重要です。物を集めるのはスカイダイビングと同じくらい退屈です。この研究で明らかになったのは、あるグループの特性に対する人々の態度でした。特定の行動や特性が人々に広く嫌われるかどうかを判断することが重要です。

研究者らは、何が退屈であるかについての人々の認識は、その文化や個人的な好みによって異なる可能性があることを発見しました。読書、ガーデニング、その他の趣味が退屈だと感じる人もいます。しかし、テレビを見たりスポーツに興味を持ったりするのは退屈だと考える人もいます。これは私たちに重要な点をもたらします。社会的な交流には常に何らかの工夫が必要です。誰も退屈しません。どの人も個性的で魅力的です。それらにはすべて物語があります。私たちは、自分の興味を最小化するような方法で自分自身を描写したり、他の人が何に魅力的で興味深いと感じるかを考慮に入れなかったりすることがあります。偽造する必要はありませんが、プレゼンテーションは重要です。

「退屈な人」という社会的な固定観念は、実際には小さな違反の集合体です。つまらない人とは、他人に気を配ったり、努力をしない人のことです。また、彼らは会話を魅力的で活発な活動として扱いません。研究者らは、次のような特徴のいくつかを特定しました。

ネガティブ

心の狭い

普通

仕事中毒

深刻な

ムーディ

予約済み

心配している

受け身

非活性

無感情

自己中心的

傲慢

非創造的

何か気づきましたか？それは楽しむことの問題のようです。つまらない人は、一緒にいても面白くない人のことです。これらの特性をすべて逆転させます。

ポジティブ

考え方が柔軟な

普通でない

遊び心たっぷり

人生をあまり真剣に考えないでください

気軽

開ける

不安になる

アクティブ

婚約中

感情的

他に興味があります

謙虚な

クリエイティブ

これらの特徴は、仕事ではなく遊びであるという私たちの会話モデルに完全に当てはまります。なぜ誰かと退屈や面倒な会話をしたいと思うのでしょうか？誰かや何かを退屈だと表現するとき、私たちは「これは面白くない」と言っています。最高の会話は、活気があり、ダイナミックで、楽しいものです。最高の会話は、活気があり、活発で、斬新なものです。彼らは人々に良い気分を与えます。それらは予測可能で、遅くて退屈です。彼らは退屈している。次回あなたが正しいことを主張したり、自分の主張を証明したりするときは、あなたは退屈なキャンプにしっかりと陥っていることを忘れないでください。

楽しむ。自分が楽しんでいることは、他の人にとっても魅力的です。あなたの情熱や熱意を共有し、会話を楽しんでください。自分自身を笑いましょう。

パズルと睡眠に本当に情熱を持っている場合は、少し「自己編集」する必要があるかもしれません。あなたが退屈しているわけではありません。固定観念に注意する必要があるというだけです。睡眠とパズルに本当に情熱を持っている場合は、「自己編集」する必要があるかもしれません。それはあなたが退屈だからではありません。ただ固定観念に注意してください。自分の性格の中で、もっと面白いと思う部分を活かしてみましょう。

まとめ：

会話の魅力とは、人々と真の意味で関わることです。まず、判断を手放し、同意するか反対するかを無視することで、エゴを手放します。注意深く耳を傾け、注意を払い、彼らの言うことと自分の考えを結び付けようとする誘惑に抵抗してください。

信頼関係の 3 つの段階を進めていくときは、一貫性を持ってゆっくりと行うようにしてください。軽い開示は恥ずかしいことになるかもしれません。中程度の開示は、あなたのより深い信念や感情を明らかにします。徹底的な情報開示は、最も深刻な脆弱性に対処します。閉じこもったままではなく、秘密を共有する相手を選びましょう。

逸話を共有して、あなたがどんな人であるかを人々に示しましょう。無味乾燥な事実の代わりに、あなたの価値観を真に反映したストーリーを使用してください。

他の人の経験や感情を説明することで、よりカリスマ的に見えることができます。共感を示すために、「ようです」または「ようです」を使って言い換えます。

退屈しないでください。退屈な性格とは、楽しさを軽視する人のことです。会話では遊び心を持って、温かく、オープンにしましょう。正しいとか賢いということは忘れてください。

第3章 発言には気をつけて...

調性と表現力が重要です。

ボディランゲージのかなりの役割を誰もが理解していることは間違いありませんが、声が体の一部であると考えている人はほとんどいません。あなたの声は単なる抽象的なものではありません。あなたの声は、体のさまざまな器官によって生成され、周囲の空気の流れに影響を与える音の混合物です。あなたの声はまさにあなたの真の「ボディランゲージ」の形になります。

言葉は重要ですが、それをどのように言うかはさらに重要かもしれません。あなたの声のトーンは、国籍、性別、年齢、健康状態などの要素だけでなく、性格、精神状態、意図など、あなた自身に関する情報を明らかにします。口調の変化は、相手をなだめたり、威圧したり、完全に退屈させたりする場合があります。瞬時に信頼関係を築いたり、瞬時に人々を緊張させたりします。

調性が感情の信号であるという事実を覚えておくと、その影響を理解するのに役立つはずです。声の調性を単なる口頭コミュニケーションのもう 1 つの要素として捉えるのではなく、人は感情に関係なく意思決定を行うのではなく、感情に基づいて意思決定を行うということを心に留めてください。

神経科学者のアントニオ・ダマシオは、感情処理領域に損傷を受けた人は論理的または断固とした意思決定ができなくなっていることに気づき、実験を通じてこの発見をしました。彼らはまだ正しい言葉をすべて言うことができましたが、自ら行動を起こすことができませんでした。
知的には、彼らはすべてを理解することができました。しかし、彼らはつながりを感じたり、感情的になったりすることができず、自分自身の具体的な決定や意見を思いつくことができませんでした。

では、他の人とコミュニケーションをとるとき、適切な声の調子はどうあるべきなのでしょうか?残念ながら、それは状況によります。状況、意図、通信相手に応じて口調を調整します。次の要素を考慮してください。

ピッチ　ピッチとは、声の高さまたは低さを指します。高い声は女性らしさを、低い声は男性らしさを連想させる傾向がありますが、職業上の女性は、より真面目に見せるために声を低くするようアドバイスされることがよくあります。しかし、そうである必要はありません。代わりに、単調な文章で話すことを避けるために、ピッチを変

えるように努めてください。そのための 1 つのコツは、直接話すときや質問するとき
に少し上げることです。同様に、「谷の話」をすべての文の後に必ず発声して避け
ます（これにより、自信がないか、愚かであるように見えます！）。

音量は、どのくらい静かに話すか、またはどのくらい大きな声で話すかです。コン
テキストに基づいて適宜調整してください。柔らかい声は静けさを伝えることがあり
ますが、プライバシーのために使用すると、自尊心の低さや秘密を伝えることもあ
ります。親密な詳細を伝えるときに突然それを落とすと、他の人が近づいてきま
す。声の大きさは喜びや自信を表しますが、攻撃性、傲慢さ、狂気を表す場合も
あります。理想的には、自分の音量を周囲の人の音量に合わせてください。音量
をわずかに上げると注目を集めることができ、少し下げると、より深刻な、親密な、
または微妙な会話を示す可能性があります。

ペース
いかに早く、流暢に話すか。自由に流れるスピーチは通常、自信と知性を示しま
す。逆に、早口または息を切らして話された文章は不安を示している可能性があ
ります。逆に、ゆっくりとした話し方は、退屈だったり、疲れている（または古い？）
ように見え、他の人をイライラさせたり、あなたを軽蔑したりする可能性があります。
ただし、ゆっくりとした話し方は、その力強い存在感、重みのある言葉、強い態度
で権威を示す可能性があります。
国立音声言語センターによると、平均的なアメリカ人は快適な速度で 1 分あたり
約 150 語を話します。ストップウォッチを使用して、この練習をして自分を評価して
ください。

アーティキュレーション
あなたの言葉は明確に表現されており、口、唇、舌が一体となって正しく話されて
いますか？これは非常に単純なことのように見えますが、見落とされがちです。
人々があなたの言っていることが完全に聞き取れないと、あなたと彼らの間に障壁
が生じ、あなたの言葉を理解することがさらに難しくなります。これは人間関係を損
ない、さらにはその意味の誤解を引き起こす可能性があります。これは信頼関係
を妨げ、関係者間の誤解を招く可能性があります。

しかし、それだけではありません。滑舌が悪いということは、怠惰、教育の欠如、知
能の低さ、退屈さ、疲労感と関連している可能性があり、単に自分が本当に気に
していないという印象を与えている可能性もあります。 1800 年代の有名な「カット
ガラス」の英国貴族のアクセントと、酔っ払ってろれつが回らずに眠りにつく人を比
較してみてください。これらは単なる誇張かもしれません。しかし、その影響は非
常に深いのです。

スピーチの中で悪口（悪口）、つなぎ言葉（「ええと、そうですね...」）、スラングをどのように使用するかを検討してください。ここには正解も不正解もありません。むしろ、何が適切なのか、そしてあなたのスピーチが意図したとおりに伝わるかどうかが重要になります。一般に、他の人と話す内容を一致させると信頼関係が生まれますが、違いを強調すると心理的な距離が生じる可能性があります。ただし、場合によっては、それらの違いを強調することで価値が高まる場合もあります。要約すると、自分のすべての色調を認識することで、適切なタイミングで適切なアプローチを使用できるよう自己習得が可能になります。

上達するためのヒントの 1 つは練習です。記事や有名なスピーチを印刷し、それを話している自分を録音または録画し、見返しながら自分のペース、音量、アーティキュレーション、ピッチに注意してください。改善できる点は何でしょうか？深呼吸をし、ストレッチをし、「集中力を高めて」、ペースや音量などを変えながらもう一度読み上げてください。また、尊敬する講演者を研究して、その話し方と自分の話し方を比較することも検討してみてください。これはほとんどの人にとって自然なことではないことを忘れないでください。　-　彼らの声を楽器として訓練する必要があったのと同じように...あなたにもそれが可能です！
あなたの声があなたそのものです。それは世界にとってあなたが誰であるかを表します。静かすぎて快適にならないことが多いと感じる場合は、自信レベルを高めることが役立つかどうかを検討し、自分にとって何が最も重要な信念なのかを探ってください。社会的交流中に息切れして焦る傾向がある場合は、社会的交流の前に不安のレベルを詳しく調べるとともに、心を落ち着かせる呼吸練習を行ってください。社会的交流の中で、人々があなたに何度も同じことを繰り返すよう求めたり、あなたを誤解したり誤解したりした場合、理由は何であれ、自分の声だけでなくプレゼンテーション全体、そしてその人が実際には誰なのかを非常に深く考えてください。彼らは本当のあなたを見ていないのは誰ですか？もしそうでないとしたら、何が彼らの前に立ちはだかっているのでしょうか？

オープンループ(OL)の活用方法

「オープン　ループ」とは、必要に応じて後で戻れるように、意図的に開いたままにした会話ラインのことです。非公開質問と自由回答形式の質問 (「寿司は好きですか?」と「今まで食べた中で最もクレイジーなものを教えてください」) は、この形式の例です。開いたループはその末端を表します。

ある朝、午前4時に私たちはジュリーに会いました。いつかジュリーに会わなければなりません - あなたは一緒にとても仲良くなれるでしょう！私たちが初めて彼女を見たとき、彼女はこのとんでもない衣装を着ていたので、会話をせずにはいられませんでした...」

ジュリーと彼女の風変わりな衣装に関するこの物語は、不適切な時間に見慣れないダイナーにいるという話から始まりました。この戦略は、トピックを素早く切り替えることで、聞き手をより完全に引き込むだけでなく、会話が減った場合のアンカーとしても機能します。物事が再び乾いたら、簡単な会話のセーブポイントとしてそれに戻ってください！

コメディアンは、後のオチへの期待を高めるために、意図的にオープン　ループを使用し、観客とほとんど魔法のようなつながりを生み出し、共有の歴史と信頼関係を築きます。オープン　ループは、魅力的な物語を語り始めるときに簡単に開始できますが、結論に達する前に止まります。すぐに別の話題に移ります。後でオープンループに戻ることは、彼らの行為に予期せぬ、ユーモアのないジョークを追加するようなものです。
生まれつき才能のある会話上手（または相性が良い人）は、努力することなく多くのオープン　ループを生み出す傾向があります。これは、彼らが展開していることにあまりにも没頭し、ふざけてそれを実行し、現在の行を放棄し、後で同じ興奮でそれを取り戻すために起こるために起こります。運命のように思えた人と何日も続けて会話しているとき、そのような気持ちを経験したことがありますか?その感覚はおそらくオープンループによってもたらされたのでしょう！

誰かに質問されたときのために、いくつか取っておいてください。彼らの好奇心に任せて対話を形作りましょう。時には物語を一度に終わらせる必要がないこともあります。一度にすべてを結論づけるようプレッシャーを感じないでください。他の人があなたにもっと質問できるように、少しは控えておきましょう。彼らの好奇心に任せて議論すると、素晴らしい瞬間が生まれる可能性があります。

アイルランドでは「クレイク」を、決して終わりが見えない、ゆるくて自由な冗談のことと定義しています。目的は単に話し続けて、どちらにせよ決定的な発言を避けることです。

次の対話を考慮して、開いたループを特定してみてください。ループはほぼフックのように機能し、そこに戻って別の会話を開始できます。

A:「それで、何を勉強しているの？」

B:「すごいですね、IT の学位ですね。」A:「すごいですね! IT のことは初めてですか、それとも以前からそのようなことに興味がありましたか?」

B: 「実際は違います。最初は経済学を専攻していましたが、すぐに焦点が変わりました...」

A:「逆に、私の父は大学で経済学を教えていました。そして正直に言うと、彼はかなり風変わりな人なのです。おそらく、経済学で優れている人はかなり風変わりでなければなりません!

B: [A の会話が衰え始め、A がついて行くのが困難になったとき] ここにはループがあります!]

A: IT については、あまり経験がありません。今の IT 学生はどのような人たちですか?

これは比較的マイナーなループであり、IT の学位について議論されるものの、解決されずに保留されたままになります。しかし、その後、この問題は再び議論の対象となり、うまくいけば満足のいく解決が得られるでしょう。
A と B のどちらが会話が上手だと思いますか?後者がより際立って成功したとすれば、それは、Aが物事が行き詰まったときに戻る場所がない一方で、会話が行き詰まったときに彼女がループを使用したためである可能性があります。

オープンループは時間の経過とともにさらに大きくなる可能性があります。実際、いわゆる「コールバック　　　ジョーク」や長時間にわたる社内ジョークは、オープンループとして始まることがよくあります。たとえば、A と B が 1 週間後に再び偶然出会い、何が起こったのかを考えてみましょう。

A:「こんにちは！またお会いできて嬉しいです！」

B:「やあ！」　A:「授業は順調に進んでいますか？」　B: 「ええ、大丈夫ですよ。でも、あなたの気の狂ったお父さんが経済学の教授だったことを覚えていますか? まあ、どうなるでしょうか?!　私たちの新しい講師は、あなたの気の狂ったお父さんが以前に説明したとおりで、教師に転向していません。コンプサイエンスはまだですか？

B　は、以前のディスカッションにコールバックしてループを終了します。ループは短くても長くてもよく、ループから戻るまでの距離は会話間の任意の範囲に及ぶ可能性があります。説得力のあるループを作成するために必要なのは、鋭い認識力と優れた記憶力だけです。ループバックすることで、B は B に対して、このトピックを気にかけていることを伝え、彼らの間に信頼、尊敬、信頼関係が瞬時に生まれます。

オープンループには注意してください。オープンループを控えめかつ定期的に使用することで、会話を流動的かつ魅力的に保つだけです。いくつかのオープンループが魅力的な会話を生み出します。会話の後半で予期せぬ問題が発生した場合に、多くの資料を利用できるように、これらを積極的に使用してください。次のことに留意してください。

会話が停滞していると思われる場合にのみ、ループに戻ります。そうしないと、人々はあなたを会話型 ADHD だと誤解し、あなたと一緒にいると疲れてしまうかもしれません。

自然に返せない場合は、無理に返さないでください。そうしないと、会話に対して横暴に見えるでしょう。

あなたの未完の仕事は、リスナーをからかったりイライラさせたりするのではなく、リスナーを魅了し、引き込む必要があります。 「クリフハンガー」は優れた会話ツールになりますが、ユーモアを加えるために使いすぎないように注意してください。

比喩的に言えば...

今や伝説となったキング牧師の「私には夢がある」演説を読んでください:「私たちの首都への訪問は、私たちが小切手を換金することを意味します。私たちの共和国の建築家たちが憲法と独立宣言を作成したとき、彼らは全員が署名する約束手形に署名しました。アメリカ人はこの神聖な義務を尊重する代わりに、「資金不足」とマークされた不良小切手を黒人に渡しました。私たちは、その大きな機会の宝庫に資金が残っていないということを信じたくありません、それが私たちがここに来た理由です。、この小切手を換金します。」

「要求に応じて自由という富と正義の安全を私たちに与えてください。」それは説得力があるように思えますよね？彼は彼らの約束についてさらに詳しく説明することができたはずだ。
彼は、記事を読む読者に正確なイメージを伝える必要性を認識していました。読みながら、この悪い小切手を想像できましたか?

パン屋とパン屋のパラドックスと呼ばれる非常に有名な実験があります。この実験の参加者には男性の写真が見せられ、あるグループは彼の姓がベイカーであると告げられ、別のグループは彼がプロのパン職人であると信じられました。その後、両グループに「パン屋」という単語が出てきた場合はそれを思い出すように依頼しました。後でそれについて質問されたとき、それが彼の職業であると言われた人々は、それが単に自分の姓を指していると思った人々よりも容易にこれを覚えていました。なぜ？

なぜなら、私たちの心はパン作りの職業に関連した連想や記憶を生み出す一方で、この名前は単独では何の意味も持たないからです（もちろん、偶然同じ名前を共有している場合を除きます！）。したがって、この職業には精神的なつながりがより多くあり、それは私たちにとってより重要な意味を持ちます。したがって、私たちはより容易にそれに取り組みます。

キング牧師も、小切手が不渡りになったときに同じ運命に直面します。

人間の心は、物語、寓話、つながり、連想で考えるように設計されています。したがって、メタファーを作成すると、リスナーに、よりカラフルで魅力的な何かが与えられ、興味を引き付けることができます。
あなたの目標は、彼らの想像力をかきたて、彼らの興味を引き、見返りにあなたをより魅力的にするような画像を生成することです。あなたのイメージが鮮明であればあるほど、その魅力は増し、あなたという人間がより魅力的に映ります。

キング牧師のような人々は、単なる先見の明のある人ではありません。彼らはまた、自分の個人的なビジョンを、他の人が容易に理解して感じられるものに変換する能力を持っています。これにより、彼らの仕事はインスピレーションとモチベーションの両方になります。あなたも同じことができれば、さらに説得力が増し、自分のアイデアを人々に納得させることができるようになります。

「カリスマ」というとマーティン・ルーサー・キング・ジュニアなどの歴史的人物を連想する人もいるかもしれませんが、自分自身が有名な歴史的人物にならなくてもカリスマになることはできます。魅力的な鮮やかなイメージは、日常的にあなたをカリスマ的にするのに役立ちます。聞いている人は感情的な生き物であり、鮮やかなイメージ、ストーリー、比喩ほど感情を揺さぶるものはありません。

何がリスナーのモチベーションを高め、興味をそそるのでしょうか？これを理解したら、その洞察を利用して、彼らの言語を伝える比喩を作成します。たとえば、教師は、子供を持つことは、目を閉じて壊れたコントローラーでハードモードのビデオゲームをプレイするようなものだと言って、子育ての現実を若い生徒に伝えることができます。

このようなたとえ話により、聞き手はあなたの主張をすぐに理解することができます。このような比喩や例え話は、重要な情報を伝えるだけでなく、その情報が日常生活にどのように適合するか、つまりそれが何を意味するのかも伝えるため、非常に効果的です。

リーダーは、他者を動機づけ、鼓舞し、影響を与えるためにこの方法を完成させました。しかし、同じ戦術を他の目的にも使用できます。つまり、まだ好きではない人々と信頼関係を築いたり、より自然で楽しく、単に素晴らしいと感じられる会話に参加させたりすることです。

ここでは、優れた雄弁家たちの戦略から、人々の心に訴えかけ、関心を引くカラフルで感情に訴える言葉を使うのに役立つ戦略をいくつか紹介します。

自分が何を信じているか、そしてその理由をただ議論しないでください。有意義な対話を築くために、目の前の人を駆り立てているものを理解しようと努めてください。

彼らが選んだ用語を使って自分の議論を構成すれば、最終的には彼らはあなたが理解したように感じることができ、その逆ではありません。

「ミトコンドリアは細胞の発電所かもしれませんが、ゴルジ複合体はすべてが詰め込まれ、必要な場所に送られる氷箱のように機能します。」のように、聞き手や読者が理解しやすい関連性のある例を使って、難しい概念を説明するようにしてください。

言語をありふれたものにしてはいけません。たとえ小さな方法であっても、語彙を活気に満ちた魅力的なものにしておきます。豊かで生き生きとした語彙を持つ人は、より知的で興味深いと認識される傾向があります。そのため、予測可能で決まりきった響きの言葉遣いを避け、人が理解するような珍しい形容詞や面白いフレーズを試してみましょう。二度目の視線。

あなた自身の熱意と喜びを他の人に広めてください。物語を語るときは、表情、声、ボディランゲージを使って物語を語ることで、その感情の核心に迫りましょう。

終わりのない議論を引き起こす 2 つの魔法の言葉

前回のヒントとコツ以来、成功する会話には常に暗黙のルールが1つあることがわかりました。それは、競争したり、自分自身を向上させるためにパフォーマンスを披露したりするのではなく、つながり、共有し、楽しむことを目指すべきです。彼らの焦点は自己宣伝ではなく対話に留まるべきです。この微妙だが深遠な変化は、この本から得られるすべての核心であり続けるはずです。

この考え方を真に捉えたアプローチの1つは、即興演技に見られます。このやりとりを目撃してください：

A: ブラジルは、いつか私の夢の目的地です。その文化、人々、太陽…そこでスペイン語を練習するのは言うまでもありません。

B: あなたのスペイン語は？ブラジルでは彼らがポルトガル語を話していることに気づいていますか？

A: (少し恥ずかしそうに) ええと、ええと… とにかく、それはクールだと思います。
B: 確かに…でも、どうしてブラジルについての知識に基づいてこの決定を下すのですか？ A: ああ、そうだね。学校にポルトガル語を教えてくれた素晴らしいブラジル人の子供がいました…

B: しかし、ブラジルの犯罪率は驚くべきものだと聞いています。

A: (脱出方法を考え始める)

ここで何が問題だったのでしょうか？ A は前進しようとしているように見えますが、B は彼女の行く手に障害物や障壁を作っているように見えます。 B は明示的に「でも」を一度だけ使用しましたが、その重要性は簡単に見逃されていた可能性があります。このような言葉を使用すると、利益よりも害が大きくなり、他の人を論駁し、その論点の正当性を奪うことによって、今述べたすべてを否定することになります。ダンスやハーモニーのような流動的なものを作り出すのではなく、会話を中断する障壁を作ります。もう一度見てみましょう：
A: ああ、ああ！ブラジルは私にとって素晴らしい経験になるでしょう。温暖な気候と歓迎的な人々から、公共の場でスペイン語を練習することまで！いつかそうなることを願っています！

B: それで、あなたは経験豊富なスペイン語話者なんですか？

A:　そうですね、正確には違います。前にも述べたように、練習は確かに役に立ちます。

B:　練習が重要です!ブラジルに行って、駅の場所を尋ねるたびに、うっかり誰かの母親を怒らせてしまうようなことはやめてください...

A: 全くその通りです。それがすべてのギャング暴力の根本にあるのです。

B: もちろんです。どこかに分析があるはずです！

A:　想像できるあらゆるものについての研究が存在します... または、独自の研究を作成することもできます... 私は何かを作成するのが得意です...

最初の会話の中心は、A の間違いを正そうとする B の主張と、その後の A の態度と判断です。それはほとんどスパーリングの試合のようなもので、A　が何を言おうと、B は反対の返答をしなければなりません。このように言うとクレイジーに聞こえますが、きっと誰もがそこに行ったことがあるでしょうか？

しかし、2 番目の議論では、A の虚偽はまったく重要ではありません。会話は単に楽しんでつながることを目的としている必要があります。議論の目的は、誰が優れているか、または最も正しいかを見出すことであってはなりません。その目的は楽しいものでなければなりません。

これ以上の沈黙はありません！その代わり、この会話には明確な「はい、そして」の瞬間がありませんが、圧倒的な肯定感が両方の会話に浸透しています。 A　が何を言おうと、B　は全面的に受け入れ、公式駅伝のようにそれに応じて走ります。A も B も、どちらの主張にも圧倒されすぎて意見を提供できません。
会話をどこに進めるべきかについて、先入観に囚われる人はいません。代わりに、彼らは実験的なアプローチを採用し、素早く流れる素晴らしい温かい冗談を生み出し、おそらく方程式の両側にポジティブな感情を生み出し、どちらかが事前に想像していたよりも素晴らしいものになるでしょう。逆に、会話 1 は B に優越感を与えましたが、A には劣等感を残した可能性があります。逆に、会話 2 では、B さんに優越感を抱かせることができましたが、A さんはおそらく今、B さんのことを傲慢で攻撃的だと考えており、すぐに彼から離れることができないため、自分自身に多大な個人的犠牲を強いることになりました。

即興とは、「はい、でも」ではなく「はい、そして」と言うことがすべてです。

このガイドは一般的な概要としてのみ機能します。ここでの重要なコンセプトは、判断や抵抗、否定をせずに、一人ひとりに対応することです。受け入れられない、または反発するという小さな兆候であっても、あなたと彼らの間に大きな障壁が生じる可能性があり、純粋で遊び心のある素晴らしい会話を行うことがこれまで以上に困難になります。

話題を変えたり、相手が目を背けようとしたにもかかわらず話題に戻ったりするたびに、あなたはそれとなく「いや、でも」と言っている可能性があります。物事がどのように進むべきかという考えを持ってこのやり取りに臨んだため、あなたの行動は防御的または頑固な印象を与える可能性があります。これが計画どおりに進まないと、相手からの合図を知覚するのをやめ、代わりに自分自身とだけ会話を始めます。

会話の中で何か重要なことを話したいと思ったのに、すぐに話がそれてしまい、要点が的外れになってしまったことはありませんか？手放す恵みを持ってみてください。自分が話す番になったときに無理に自分の主張をすることで気分は良くなるかもしれませんが、聞き手は「彼女は今私が言ったことを聞いていたのだろうか？」と思うかもしれません。

人々が思いついたことに迅速かつ自発的に反応し、それをリアルタイムで拡張することほど、受容、承認、検証を効果的に示すものはありません。彼らの世界に浸ってください。即興コントのように、彼らの発言を完全に「真実」であると受け止めてください。

恐怖があると、人々はこの一歩を踏み出すことができなくなります。おそらくあなたは、「でも、何を言えばいいのか分からない！その場にいるから気の利いたことは何も言えない！」と思っているかもしれません。はい、これには練習が必要ですが、少しリラックスして「流れに身を任せる」ことができれば、最も魅力的な会話の一部は、準備がまったく必要なかった会話であることに気づくかもしれません。ただ存在するだけです。誰もあなたが賢いこと、面白いこと、賢いことなど期待していません。彼らはあなたがただ現れることを期待しています。

会話が対立の領域に流れ始め、「でも」という罠に陥っていることに気づいたら、深呼吸して、代わりに外側に注意を向けてください。代わりに、相手の言っていることを受け入れてください。ディスカッションのペース、トーン、トピックを設定できるようにします。どんなトピックでも素晴らしい対話ができると信じてください。会話に不適切に見えることを心配するのではなく、相手の外見を良くすることに集中するのです。このアプローチは魔法のように効果があります。

あなたは他の人と衝突しようと努めていますか?ここでは、「しかし」を省略して、スタイルと機転を保つことが重要になります。

「あなたはこちらに行きたいのですが、もしそうしたら渋滞に遭遇します」と言う代わりに、「はい、このルートを選択することもできますが、同様に渋滞が発生する可能性があります。または、この代替ルートを選択することもできます。もっと早く。"

議論や対立なしに提示された情報は容易に消化されます。会話が上手な人は、本当に重要なこと、つまり楽しいつながりを損なうことなく、意見を異にする方法を知っています。

相手の立場がどれほど風変わりで不快なものであっても、あるいはそれに対する自分の意見の相違であっても、魅力的でダイナミックなつながりを構築することはできます。自分のエゴを寄せ付けないでください。スクリプトを書き留めます。他人を信じましょう！とにかく『誰のセリフですか?』と同じように。 - すべてはでっち上げであり、ポイントは問題ではありません！

概要:　あなたの声は、驚くべき非言語コミュニケーションの形式です。人前で話すときに使用する場合は、ピッチ、音量、アーティキュレーション、ペースに注意してください。リスナーに望ましい影響を与えることができるように練習してください。

神経科学者のアントニオ・ダマシオは、人は論理ではなく感情に基づいて意思決定を行うことを発見しました。それは、有意義な関係を求める際の目標であるべきです。

オープン　ループを使用して、豊かで充実した、「完全な」と感じられる会話を作成します。会話がつまらなかったら、すぐに結論を出さずに、ただ物語を語り始めてください。必要に応じて後で戻ってくることで、物事をスムーズに進めることができます。

話すときは、新鮮で斬新で生き生きとした言葉を使うことで、より魅力的になりましょう。比喩を利用して、複雑なトピックを簡単に関連付けられる言語に単純化します。説得力のある言葉や画像を使用し、熱意を示すことで感情的につながります。

競争したりパフォーマンスを発揮したりするのではなく、つながりを築くことを目的として、自分自身から離れて相手に会話の焦点を当てます。物事を自由でダイナミックに保つ手段として、即興コメディの「はい、そして」を利用します。会話の目標がどうあるべきかについての先入観を喜んで手放し、自然に展開することに従うようにしてください。経験はより自然で楽しく、つながりを感じられるでしょう。

第4章 言ってはいけないこと

彼らの言うことは真実です。沈黙は力になるのです！意図性も重要です。私たちが言わないことにも、同じくらい大きな力があるのです。

音楽と同様に、音符間のスペースは会話においても同様に重要です。適切なタイミングで、正当な理由で沈黙することは、伝えられている内容について雄弁に語ることができます。一時停止は意図的にのみ使用してください。

実質的な要素は、議論されている内容に構造と深みを加えます。

ディスカッションの聞き手と参加者の両方に快適さを提供します。

止まらずにたくさん話す傾向がある人もいます。彼らの舌には、さまざまな理由で情報が流れ込む可能性があります。おそらく、興味を共有しているため、または不安に駆られているため、おそらく話を聞いてもらえないと感じているため、自分の主張を毎回明確にするために繰り返し続ける必要があるのかもしれません。

原因が何であれ、そのような人々は真剣に受け止められない傾向があり、無視されることがよくあります。　「話しすぎる」ということには、さまざまな意味があります。単純な言葉で十分な場合に、不必要または複雑な言葉を使用する。必要な長さを超えて文章を引き延ばす。常に脱線したり、関係のない会話に逸れたりする。その一部は、息つく余地がなくなるまで、ただあらゆる瞬間を談話で埋めることにもあります。
しかし、話す前に時間をかけて立ち止まり、熟考し、それぞれの言葉を注意深く検討することは、いくつかの効果があります。まず第一に、自分自身をリラックスさせます。すぐに息が切れたり、大声で話すときに声が詰まったりぎこちなく聞こえる場合は、呼吸が適切にリラックスしていないことが原因である可能性があります。呼吸により体とボイスボックスの両方がリラックスし、その結果、あなたの声がよりリラックスして聞こえるようになり、他の人がボイスボックスでその声を聞くときに安心するようになります。あなたのボイスボックスでリラクゼーションを聞くことで、人々はより安心し、大声で話すことで自信を感じるようになります。

一時停止すると、聞き手にあなたの発言を理解する時間が与えられます。これを礼儀正しく行うことで、聴衆は何を聞く必要があるかをあなたはすでに理解しているが、他の人はまだ理解していない可能性があることを聴衆に思い出させます。

今度は時間を与えずに急いで立ち去ってください。これでは、彼らの興味を完全に失う可能性があります。

間を入れて話し方のペースを調整し、調整することで、どんなスピーチにも静けさ、威厳、そして落ち着いた雰囲気がもたらされます。もっと気楽に話していればよかったと思ったことはありませんか？間違いなくそうではありません。しかし、何も考えずに話したり、深く考えずに決断したりしたことを後悔する可能性が高くなります。立ち止まることで、自分がしていることの理由と何が起こっているのか、優先順位がどこに向かっているのかを考える時間を自分に与えます。

一時停止すると、他の人がどのように反応しているかを観察するための余裕が生まれ、必要に応じてすぐに調整できるようになります。涙を流すほど退屈な話をしていることに気づいていないような人に話しかけたことはありますか？彼らは、あなたが興味を持っていないことに気づいていないことを伝えることに夢中になっているだけかもしれません。さらに、一時停止は、「えーっと」や「好き」などのイライラするつなぎ言葉の理想的な代替として機能します。

減速する。スピーチに 1 ～ 2 秒の長さの長いポーズを加えてみてください (指標として頭の中で「1　ミシシッピ州」と数えることもできます!)。この習慣を実践すると、より計画的で、自信があり、コントロールができているように見えるでしょう。多くの人は、他の人が興味を失ったり、中断したりするのではないかという恐怖から、立ち止まることを恐れています。しかし、実験として試してみて、どれだけうまくいくかを見てください。邪魔な応答よりもそのほうが好きだと気づくかもしれません。
あなた自身の言葉が注意深く配慮されて扱われる限り、他の人もあなたの努力にもっと喜んで応えてくれるでしょう。

どこで休憩すればいいですか？書き言葉で通常使用されるコンマやピリオドの位置にそれらを配置することで、自然さを保ちます。重要な点を述べた後、新しい文を始める前、または興味深い情報を開示する前に一時停止することは、聴衆が熟考したり考えたりするための効果的な場所です。たとえば、興味深い修辞的な質問の後に、適切なボディランゲージや表情と組み合わせると、さらに効果的です。どんな言葉よりも力強い！スタンドアップ漫画や有名な講演者を研究して、いつどこで一時停止するか、また全体のペースや通常の停止位置からどこで一時停止するかについてインスピレーションを得ます。

例としてオバマ大統領の大統領就任演説を聞いてみます。彼のスピーチに重みと力強さを与えると同時に、聴衆に彼の発言に反応する時間を与えるために、彼は間を(たくさん！)使っていることに注目してください。間を置くことで、相手の注意を引きつけながら、彼が発する言葉一つ一つを十分に楽しみ、体験することができます。これは、単にすべての言葉を早口で話すよりも、スピーチにもっと権威と重みを与えるために、スピーチで行うべきことです。

テキストの段落を見つけて、希望のペースで声に出して練習し、自信を持って声に出して話すのが楽になります。まず呼吸に集中します。呼吸がスムーズで均一だと、リラックスして大声で話すときに好感が持てるようになります。言葉を急かさずに、ゆっくりと息を吐き出すのを視覚化しながら、同時に深呼吸をしてみてください。スムーズな流れが見つかるまで繰り返します。緊張しているとき（または興奮しているとき！）、呼吸パターンが浅かったり不規則だったりすると、声がきつくなったり、甲高い声になったり、息切れしたりすることがあります。しかし、規則的に呼吸すると、文字通り、より自由が可能になります。

パレートの法則を適用する　おそらく口語名「80-20　ルール」の方がよく知られているパレートの法則は、入力の 20% が結果の 80% を提供すると単純に述べています。この原則はビジネスで長い間採用されてきましたが、自分自身で適用すると、さらに多くの洞察を得ることができます。
特に聞き上手になるために、それをコミュニケーションや会話のスキルに応用してください。

この質問を自分自身に問いかけることから始めましょう。あなたの最後の会話で、あなたは興味を惹かれようとしましたか?あるいは、別の言い方もできます。会話の目的は、自分の知っていることを誰かに示すこと、それとも相手の知っていることを学ぶことなのでしょうか？

私たちは皆、積極的に傾聴することの価値を理解していますが、実際にそれを実践している人はどれだけいるでしょうか?パレートの法則をリスニングに適用すると、会話の 80% は他人を中心に展開し、20% は自分自身を中心に展開する必要があります。ただし、これが珍しいと思われる場合は、この比率が逆転した会話が実際にどれだけ行われたかを考えてください。

会話中に他の人をすぐに疎外させ、退屈させ、疲れさせるための効果的な戦略をいくつか紹介します。

自分の話を相手に「押し付ける」こと、会話の放送時間を占領すること、自分自身についてすべてを語ることは、すべて邪魔になる可能性があります。

あなたが話してほしい話題に会話を向けるように努めてください。誰かが話題を変えるときは、そっと耳を傾けますが、他の人に耳を傾けることなく、自分の論点についての議論を続ける前に、誰も話さなかったかのようにすぐに論点に戻ります。

会話で優位に立つために、あるいは個人的な逸話を通してすべてのアイデアを自分に結びつけるために、他の人に好印象を与えたり、スピーチしたり、自慢したりするために最善を尽くしても、おそらく周囲の人々からは不評になるでしょう。他人の話を「実は...」と遮ってしまうような人です。非効率的で予測可能な「スクリプト」を実行しながら、偽物で本物ではないこと。たとえば、誰かに様子を尋ね、質問の時間が経過して答えが返ってきたときに完全に無視することも、別の形式の捏造であり、敬意の欠如です。

私たちは皆、より上手に会話ができるようになろうと努力していますが、「より上手になる」ことだけに焦点を当てていると、この願望は実際には裏目に出てしまう可能性があります。言い換えれば、どうすれば改善できるのか、「どうすれば自分をもっと面白く、カリスマ的になれるのか」と問うのではなく、次のように考えるかもしれません。

あなたは問題がどこにあるのかを正確に知っています。すべてはあなたに焦点を当てています。
本当に魅力的な会話ができるようになりたいのであれば、次の質問を自分に問いかけてください。「どうすれば会話相手を気分よくさせることができるでしょうか?」彼らとのつながりを楽しみ、深めることは重要ですが、彼らから学び、彼らが輝けるよう手助けすることも重要です。

考え方の点では、それはまったく異なります。それは、興味深いか熱中するかの違いです。たとえ魅力的な人であっても、そのやりとりによって他の人が無視されたり、退屈したり、無視されていると感じてしまうと、話すのが面倒になってしまう可能性があります。

積極的に聞き手になるのは難しい場合があります。役を演じる以上のことをする必要があります。実際に聞いてみる必要があります！まず、観察してください。議題、思い込み、偏見を念頭に置かずに会話に臨みます。会話の中でどんな話題も出てくる可能性があり、それぞれの会話が展開する生きた共同創造の経験であることを理解してください。それは刺激的だと思いませんか?展開が進むにつれて好奇心をそそられます。

話を聞くときは、将来自分が話す番がいつ来るかについて先回りして考えないようにしてください。自分がどのように反応するかを事前に考えたり、言われたことに同意するか反対するかを判断するためにフィルターを通してすべてをフィルタリングしたりしないでください。ここでのあなたの仕事は、相手の目を見て話を聞き、情報を収集することだけです。彼/彼女の世界観、つまり今その人であることがどのように感じられるか、彼らは実際どこから来たのかなどを理解すること。

誰かが話すように、この種の注意を提供すると、彼らは以前よりもさらに喜んでくれるだけです。一般的なアクティブリスニングテクニックは、聞いたことを繰り返して理解を示すことですが、相手があなたの注意を完全に受けていると感じている場合、このステップは厳密には必要ありません。

アクティブリスニングは反復的なものであり、進行しながら調整し、微調整する必要があります。会話が予期せぬ展開になった場合は、驚きに備えてください。たとえば、誰かがあなたがよく知っている分野について言及した場合など、自分が同意できないことをすぐに擁護したり説明したりしないでください。返信したり、評価したり、否定したりするのではなく、理解とつながりに焦点を当ててください。これらはすべて、あなた自身と関係する他の人の両方にとって大きな違いをもたらすからです。
さて、あなたはこう思ったかもしれません、「もし私が時間の 80% を聞いていて、20% しか話していないとしたら、どうすれば自分の言いたいことを表現できるでしょうか？ 有能な会話者?」しかし、私たちのアプローチを別の角度から検討してみると、この質問は、会話を 2 人の個人間の楽しいやり取りではなく、競争として捉える考え方から来ており、聞くことよりも話すことが重視されていることがわかります。思い出してください。たとえほとんど話さない相手であっても、素晴らしくて深く満足のいく議論をすることは十分に可能です。

実を言うと、人々にスペースを与え、自分の意見を聞いてもらっていると感じてもらえるようにすれば、自分を表現するスペースを与えるというあなたの行為に自然と反発するようになり、問題なく自分の声を届けられるようになります。逆に、あなたが常に注意を引こうとしている、または会話を支配しようとしていると人々が感じた場合、彼らはあなたに放送時間を与える傾向がなくなり、実際にはあなたがまったく話さない可能性が低くなります。

次回、会話に夢中になったら、時間の経過とともに焦点がどのように変化するかに注意してください。瞬間ごとに自分自身を観察して、それが自分自身、他の人、またはより一般的に目の前のトピックに当てはまるかどうかを確認してください。

時々、主役になるのはいいことですが、次のような方法で視線を外側に向け、自分から遠ざけることで、自分から離れてみてください。

ここで重要なのは、彼らが移住するきっかけとなったものを問うことです。たとえば、「何があなたの決断のきっかけになったのですか？」と尋ねてみてください。）

もっと話すように促します（「うん？」または「それでどうする？」）。

感嘆符（「すごい！」）
誰かが話した後は、すぐに中断することなく、時間をかけて相手の発言を処理してください。直接応答したり、あなたの番のために誰かをステージから強制的に退場させたりする前に、十分な時間をかけて処理してください。自分が沈黙して他の人が自由に話せるようにする前に、共有を促す自由形式の質問をしてください。大声で話すときは、すべての注意をそれらに集中させてください。

積極的な傾聴の実践例を知りたい場合は、優れたテレビのトーク番組の司会者がゲストにインタビューする様子を見てください。逆説的ですが、彼らはゲストを輝かせることを完全に放棄しているにもかかわらず、どのように好感が持ててカリスマ性があるように見えるかに注目してください。
皮肉なことに、相手に気楽に話させる彼らの能力が、どのように彼らに自信を持っていて、コントロールできていて、リラックスしているように見えるかを見てください。これは、彼らが自分自身に対して、そして他人を良く見せることにどれだけ快適でリラックスしているかを示す指標です。次回誰かと話すときは、相手の考え方に身を置いて、物事がどれほど劇的に変化するかに気づきましょう。

微表情は多くを語ることができます。

これまで、私たちは効果的なコミュニケーションと他者との関わりを実現し、自分自身を即座に魅力的にし、他者に共感してもらうためのさまざまなヒントやテクニックを検討してきました。次に、人々を理解することに焦点を当てましょう。

コミュニケーションには、メッセージの送信者と受信者の両方の側面が関係します。自分のメッセージがどのように届いたかを正確に認識し、他の人があなたと共有している内容をより正確に理解できれば、会話がよりスムーズに進み、他の人をよりよく理解できるようになり、相手はあなたが自分のことをより理解しているように感じられ、検討するようになります。その結果、あなたはよりフレンドリーになり、より好感が持てるようになり、カリスマ性が高まります。

理由がわからないままやり取りがぎこちない、奇妙だと感じる場合、または誤解されていると感じることが多い場合、それは人々の言うことが実際に感じたり考えていることとどのように異なるのかが原因である可能性があります。人々の読書に熟達するには、観察と直観の両方が同じくらい必要です。

微表情は、人々の感情状態を示す真の指標であると考えられている超高速 (1/15秒!) の表情です。 「マクロ表現」に似ていますが、効果の持続時間は短くなります。例としては、怒り、恐怖、嫌悪感、驚きなどが挙げられます。笑顔を偽ったり隠したりすることは誰でもできますが、微表情を捉えることができれば、その人がどのようなイメージを描いているかに関係なく、その人が実際に経験していることについての洞察が得られます。

微表情を理解することは、なぜ私たちが社交的な状況から身を引いてしまうのかをよりよく理解するのに役立ちます。
公式な会話と暗黙のごまかしの間には不確実性が存在する可能性があります。これら 2 つの物語が無意識のうちに衝突すると、理由もわからず不快感を感じることがあります。しかし、微表情にもっと気を配ることで、他者からの曖昧さ、隠蔽、あからさまな欺瞞的意図をよりよく検出できるようになるかもしれません。

一例としては、夜遅くてみんな疲れているにもかかわらず、パートナーの友人の一人が飲みに行こうと提案した場合です。あなたのパートナーは礼儀正しく微笑みましたが、この提案を聞いたとき、すぐに引き締めたボディランゲージとわずかに眉をひそめながらあなたに視線を向け、受け入れて礼儀正しくするつもりだけであることを示しました。あなたは礼儀正しく微笑みましたが、友人からのこの申し出を丁重に断りました。

違いに気づくことで、日常の状況についてより深く読み取ることができました。あなたの妻は正式に同意していましたが、彼女の微表情から彼女の本当の気持ちが明らかになりました。この手がかりを見逃していたら、その夜は違ったものになっていたかもしれません。本物の感情の小さな「語り」にさえ敏感であることは、より熱心で理解力のある人を生み出すのに役立ちます。

仕事中に、同僚が怒っているのを目撃するかもしれません。しかし、他の合図を読み、彼の微表情を観察すると、彼は実際には怒っているよりも恐れているのかもしれないと信じるようになります。したがって、次回彼と話すときは、守りに入るのではなく(怒っている人に直面したときにほとんどがそうする傾向がありますが!)、彼を安心させ、ペースを緩め、解決策を提案するように努めてください。彼はあな

たのやりとりを特に直感的または共感的であると感じるかもしれませんが、これは
魔法の能力によって達成されたものではありません。
微表情の読み取りには、嘘を暴くというもう 1 つの利点もあります。たとえば、誰か
があなたからもらった誕生日プレゼントがとても気に入ったと言い、その直後に嫌
悪感とショックの表情を浮かべた場合、これは来年その人に何をあげてはいけな
いかの指標となる可能性があります。

微表情の読み取りは、他の観察と並行して行う必要があることに注意してくださ
い。特によく知らない人の場合は、比較目的で注目すべき観察結果をベースライ
ンと比較し、個別のインシデントではなくパターンを探すことが最善です。わずか
15 分の 1 秒しか続かないものは、簡単に検出されなかったり、誤解されたりする
可能性があります。
ほとんどの瞬間的な顔の動きは非常に速いため、意識的に検出するのは難しいと
主張する人もいるかもしれませんが、その場合は、自分の直感と直感を信じてくだ
さい。誰かがフレンドリーに見えても、話していると不快に感じる場合は、自分の認
識を軽視しないでください。おそらくあなたの潜在意識は、彼らの言葉と彼らが実
際に感じていることの間に矛盾があることに気づいたのでしょう。あなたの体と心が
あなたに警告しているだけかもしれません。

なぜ人々がクリックするのか疑問に思ったことはありますか
会話中に「クリック感」を感じたことはありませんか?さて、エマ・テンプルトンと彼女
の同僚はそれを調査する実験を実施し、その結果を2022年に『心理学と認知科
学』誌に発表しました。

彼らが行ったのは、見知らぬ人と友人のペアにチャットをしてから、つながりのレベ
ル、つまり「クリック」のレベルを自己申告させることでした。研究チームは、カップ
ルの応答時間が速い場合、クリックしたと報告する可能性が高いことを発見しまし
た。おそらく、反応が遅い人よりも、反応が早くて早い人のほうが親近感を覚える
からでしょうか？反応が早い人は、無意識のうちに人々を親密に感じる傾向があり
ます。

研究者らは、他の人たちに 2 人の個人間の会話を観察して評価し、その 2 人が
相性が良さそうだと思うかどうかを評価してもらったところ、同様の結果を観察しま
した。彼らもまた、応答時間が速い = 接続が良好であることに気づきました。

ただし、その前に、この研究についていくつか注意点があります。研究者らは、
人々が迅速に対応するパートナーとの強いつながりを報告する可能性が高いこと
を発見しただけです。つまり、相手は自分のことをよく理解していると感じており、

会話はスムーズに進んでいたのです。これが真の理解の絆に等しいかどうかは不明です。しかし、最終的には、つながっていることとつながっていると感じていることの間には大きな違いはないのかもしれません。

研究のもう 1 つの限界は、対象範囲が限られていることです。これは観察を行っただけです - 反応速度が速い会話は、よりつながりがあると表現される傾向があります - しかし、それは、私たちがより迅速に反応すれば、他の人が私たちにどれだけつながりを感じているかを高めることができることを意味しますか? ?残念ながら、これは研究では調査されていないことですが、確かに自分でテストすることができます。

次回会話するときは、単に応答時間 (単なる指標です) だけでなく、全体的な応答性にもっと注意を払うようにしてください。人が最もつながりを感じ、見られ、認められ、理解されていると感じるのは、まるで別の人がすぐそこにいて、すぐに応答し、注意を払い、注意深く聞いてくれているように見えるときです。国際電話が遅延するとどれほどひどいことになるかを考えてください。わずかな遅延のある Zoom 通話でも同様の結果が生じる可能性があります。私たち全員の間で本物のフローを実現するのは難しいと感じています。

古い友人同士は、お互いにリラックスした沈黙を楽しむことがよくあります。ただし、健全な会話の流れを維持し、ギャップを避けるためです。会話のトピック間で迷った場合は、オープンループに戻るか (それがどれほど役立つか見てみましょう)、自由形式の質問をして話を再開してください。クイックレスポンスとしてカウントされるために、必ずしもダイアログに何か新しいことを追加する必要はありません。相手の話に合わせてうなずいたり、話しているときに顔の表情を合わせたりするなど、相手の話を聞いて理解したということを示すだけです。

単に質問するだけで、行き詰まった対話が復活することがよくあります。クエリを行う際に留意すべき追加の要素、それは潜在的な答えです。
会話の停滞は、両方の参加者が話題を使い果たしたときによく発生します。これがあなたに当てはまる場合は、今が対話を深める理想的な機会である可能性があることに注意してください。対話の深さという点で、何かを変える準備ができていることを示しているだけかもしれません。最小限の開示を実践してみるか、何かについて話し合う方向にシフトしてみてはいかがでしょうかもっと個人的な？

ただし、物事をスムーズかつ気楽に進めることが常に最善ですが、静かな隙間を埋めるという強迫観念が不安や絶望にならないようにしてください。不安を感じ

て、会話の合間の沈黙を埋めるために必死に何かを言おうとすると、あなた自身
の不安がまさにそのことをしてしまう可能性があります。
正直に言うと、会話を埋めるための最善の努力にもかかわらず、会話が気まずく
なったり、沈黙が忍び込んだりすることがあります。すべての沈黙を埋める必要は
ありません。すべての会話が機知に富んだ洗練されたものになるわけでもありませ
ん。物事がぎこちないように見える場合は、化学反応が異なる可能性がある別
の機会にもう一度議論できるように、議論を潔く終了するのが最善かもしれませ
ん。

常に冷静で自信を持って、フレンドリーな態度を保ち、会話の終わりを残念なこと
として捉えてください。「まあ、楽しいおしゃべりでした。残念ながら、もう帰らなけれ
ばなりません。来週のプレゼンテーションの幸運を祈ります。またいつかお会いで
きることを願っています」！」

紛争地雷の探索

ここまでは順調ですね。しかし、会話が期待通りに進まず、相手との間で意見の相
違が生じた場合はどうなるでしょうか?今日の不安定な政治状況では、イデオロ
ギー的な議論がかつてないほど蔓延しており、賭け金はさらに高まっています。あ
なたは、相手が「論理」に耳を傾けていないかのように感じますが、彼らもあなたに
対して同じように感じているのです。

一見矛盾しているように見える 2 つの信念をまったく持ち合わせていない人がい
ることに気づいたことはありますか?この現象は認知的不協和と呼ばれます。2 つ
の相互に矛盾する視点が同時に存在する場合です。しかし、あなたが認知的不
協和を指摘したからといって、人々（あなた自身も含めて！）がそのような見解を
持つのをやめるとは期待しないでください。むしろ、彼らは関係なくその見解を続
けるかもしれません。
精神的な足場を形成するのに役立つ信念や概念にさらに強く執着すると、たとえ
それらの考えが非合理的または不合理に見えたとしても、それはさらに強化され
るだけです。

どうすれば認知的不協和にアプローチできるのでしょうか?そうですね、まずは自
分の中でそれを認識することが第一です。私たちは自分が常に理にかなっている
と信じたいと思っています。自分の合理的な思考プロセスが他の人の視点と一致
しないときとその理由を認識することで、より多くの理解を得ることができます。さら
に、誰かが認知的不協和の立場から発言しているときを学びます。これにより、誰
かがこの対立または認知的不協和の立場から発言していることがわかります。

彼らは新しい情報に驚いているようですが、それに応じて自分たちの立場を変えるつもりはありません。

あなたの視点を正確に伝えることはできません。

彼らは、あなたが自分たちに話しかける意図は悪意のあるものだと考えています。

進歩するにつれて、目標や定義もそれに応じて変化します。

人は何かを非難されると怒りや憤りを感じて反応する傾向があります。誰かが何かについて直接彼らに対峙すると、彼らは叫んだり憤慨したりします。

性格とアイデンティティの評価では、あなたが行っている議論や主張よりも、あなたの独自の資質がより重視されます。

彼らは何の譲歩も譲歩もせずに、すぐに議論から撤退します。

他の人のこれらの特徴に遭遇したらどうなるでしょうか?彼らと直接交戦して戦いに行くべきでしょうか？絶対違う！その人はあなたの利益を誠実に保っていない可能性が高いため、議論を通じて効果的にあなたと関わることができません。彼らの認知的不協和的な見解は、あなたとの有意義な対話を妨げます。

会話の黄金律を思い出して、つながり、理解し、絆を結ぶという目標を念頭に置くことが重要です。口論になっているとき（特に話を聞かない人との場合）、私たちはこの基本的な事実を忘れてしまうことがよくあります。友人、同僚、パートナーとの会話はすべて、論理的ではなく感情的になる傾向があります。

認知的不協和に直面したときの最善の行動は、そうではないと確信できない、またはそれを拒否する人々との不必要な議論に巻き込まれないことです。その代わりに、私たちは再び信頼関係を築き、関係を修復する方法を見つけることに努めるべきです。これを思い出して、最初の直感を思い出すことはおそらく正しいかもしれません。
人々は恐れのためにこのような反応をします。不協和音に対する何らかの脅威を感じると、自分を守るために必要なことは何でもし、自分の立場を貫きます。これ以上押し進めれば、さらに彼らを強化し、和解への努力を悪化させるだけです。

今こそプッシュをやめる時です。

次回、議論がこのレベルにまでエスカレートした場合は、一歩下がって再び接続してください。方法の 1 つは、相手の人格を直接侮辱することなく、笑いをもたらす無害なジョークを言うことです。私たちの意見は異なっていても、私たち二人の間にはまだ敬意があり、あなたは耳を傾けているというメッセージを送りながら、物事を明るくします。これにより、認識される脅威レベルが低下し、防御力が低下します。

他人の防衛意識や認知的不協和に対処することにうんざりしていませんか?うっかり自分自身を招いてしまう　もしそうなら、あなたの態度やアプローチによって、無意識のうちに防御性と認知的不協和を招いている可能性があります。具体的には、あなたに同意する人たちに近づく（または「あなたの側に来る」）と、優位性の証拠として人々を不安にさせる可能性があります。同様に、対話を双方がお互いを非難するゼロサムゲームとして組み立てることは、確実に対立を引き起こす方法です。傲慢さや頑固さは、周囲を刺激するだけです。

2 つ目の考え方には、無意識のうちに人々に、自分自身の完璧なバージョンになり、すぐに自分の価値観に従って生きるよう圧力をかけることが含まれます。そうしないと、誠実さを失う危険があります。菜食主義についての会話で、誰かが肉を食べると害があると認めたとします。その場合、この新しい理解に従って食事をすぐに変えるように要求されたら、おそらく彼らは防御的になるでしょう。時々、人々は単に戻ってくる時間が必要なだけです！

3 番目の考え方は、人々の過去の行動を非難するときに発生します。考えてみてください。あなたの会話の相手が敵対者になったとき、あなたとの合意は敗北を認めることになります。誰がそんなことを望むでしょうか?!つながり、学び、理解するのではなく、彼らを説得するために努力しているという考えを伝えることで、両方の人が敵対者として攻撃されることを警戒し、双方の抵抗につながる可能性があります。
ますます白熱した議論に巻き込まれていることに気づいたら、深呼吸して後ろに傾いてください。自分の体に注目してください。喉が締め付けられたり、声のピッチが突然上がったりした場合、これは体の自然な闘争・逃走反応が始まっている可能性があります。自分はただ会話をしているだけだということを忘れずに、立ち止まって、これ以上話をする必要はないことを自分に思い出させてください。

この時点で、現在の方向性を継続すると、コミュニケーションが破綻する可能性が高いことを認識してください。しかし、あなたには選択肢があります。どちらが正しいべきかというエゴに基づく議論よりも、調和、理解、流れを優先するように自分自身を行動してください。その変化が効果を発揮すると、本当の会話が始まり、それがずっと楽しいものになることに気づくでしょう。

身を行動してください。その変化が効果を発揮すると、本当の会話が始まり、それがずっと楽しいものになることに気づくでしょう。

第5章 CQ (会話知能) を高めます。

共感と盲点
会話的知性には、単に魅力的であるだけではありません。あまり楽しいとは言えないが、他の人の観点からは十分楽しいように見える会話に夢中になったことはどのくらいありますか?あなたがそうではないと思っていても、彼らは彼らを魅力的だと思っているかもしれません！

時として、この力関係がどのようにマイナスに作用するか考えてみましょう。

残念なことに、私たちが会話を苦手にする原因は、この理由を理解することを妨げるものでもあります。それは、無自覚と自己中心性です。

興味を持ってもらおうとするのではなく、興味を持ってもらおうとして、どれだけ上手に話したり質問したりできましたか?他の人をあなたの視点に導こうとしているときに、重要な情報が 1 つ見落とされている可能性があります。それは、彼らが自分に提示されたものを楽しんでいなかったことです。それは、あなたが会話の盲点に陥っている可能性があることを意味します。つまり、実際に他の人と会話しているのに、本当の問題が何であるかをまったく理解せずに、誰かがあなたが直接話していると思われ、あなたは気づかないままになるということです。

会話が単に「他人の中で独り言を伝えているだけ」であるかのように振る舞うことを避けるためには、自己認識、規律、訓練が必要です。人々は対話が失敗していることに気づかずに、すれ違うことをよく言います。

あなたのキャラクターは魅力的に見えるかもしれませんが、それが現実に反映されない可能性があります。これは簡単に説明できます。自分を表現したり、自分の意見を誰かと共有したりすると、ドーパミンが放出され、このドーパミンの放出が自分たちにも経験されているという誤った信念が生まれ、実際には幸せになれるのに、幸せだと感じるという誤った感覚を与えてしまうのです。退屈、疎外感、拒絶感を感じています。私たちは、彼らのドーパミンレベルが上昇していないことを見逃して、相手も同じように自己表現の興奮を感じていると思い込んでしまうかもしれませんが、この報酬の神経伝達物質の放出は私たちにも同様に簡単に引き起こされる可能性があります。しかし、私たちの脳はドーパミンで私たちに報酬を与えますが、拒絶反応や身体的痛みの際に放出される同様の神経化学物質も放出します。

リスナーは無意識に闘争・逃走モードに入り、体がコルチゾールを生成し始め、実行機能（前頭前野）が抑制され、下位の脳（扁桃体）がその役割を担う可能性があります。もはや注意を払ったり関与したりしません － そしてあなたの観点から、これはまったく気づかれないかもしれません…彼らがあなたの状況に対して共感を示さない限り。

共感により、私たちは死角の外を見ることができ、気が散ったり自分に夢中になりそうなときにも他の人に注意を払うことができます。そのため、会話の知性が効果的な会話の鍵となります。これを開発するには練習が必要ですが、次の会話で試すことができるいくつかの有用な戦略を以下に示します。これらはすべて思い込みを止める必要があります。

まずは、会話の盲点があるかもしれないことを認識することから始めましょう。あなたがこのように考えるときはいつでも、これが実際に当てはまるかもしれないという証拠です。

もう 1 つの重要なヒントは、他の人が何か、特に彼らにとって価値のあるものについて、自分の考え、信念、視点を共有していると仮定しないことです。推測は避けてください。

会話とは、新しい人に出会うことです。彼らや彼らの意見をすでに知っていると想定しないでください。発言する代わりにもっと質問してください！

誰もがあなたと同じように会話を見ているとは思わないでください。他の人と話す際の目標やニーズは異なる場合があります。したがって、彼らの理解があなたの理解と同じであると想定すべきではありません。人は他人と話すとき、さまざまな基準に基づいて判断します。

成功はさまざまな方法で認識できます。交流を自分が持っている知識や興味を共有する機会として捉えるかもしれませんが、専門的な文脈で成長する機会を提供することもあります。

相手はこの会話とあなたが伝えるすべての事実をどのように認識しているでしょうか?これは重要な情報です。
共感は理解から始まります。
私たちはよく、自分の言うことは一つの意味しか持たないと思い込んでいます。実際のところ、意味は聞き手に理解されて初めて得られます。

会話はブロードキャストではありません。むしろそれは共同創造です。したがって、接続できなかったり、声が聞こえなかったりする場合は、このプロセスで何か問題が発生した可能性があります。

リスナーが理解できれば、誰も責任をとるべきではありません。代わりに、適応する必要があります。

これまで説明してきたように、会話での共感力を高めることは、会話にどれだけの放送時間を費やしているのか、どこに焦点を当てているのか (自分自身か他人か)を意識することで可能になります。オープンマインドで発見志向を保つには、発言が長々と聞こえ始めたら、自分に強制的に質問を置き換えてください。エゴの衝動が生じたときはいつでも、相手の内面の世界に興味を持つように変えるだけです。反応ではなくつながりを意識して話を聞きましょう。やり取りを、支配力や説得力を求める戦いではなく、遊び心のある経験として捉えてください。

「ダブルクリック」テクニックを試してください。多くの場合、Web ページにはハイパーリンクが含まれており、クリックすると新しいページが開き、詳細情報が表示されます。人々は似ています。彼らが話すほぼすべての文には青い下線が引かれていますが、未解明であると想像してください。「ダブルクリック」すると、話した内容をさらに詳しく説明したり、さらに深く聞いたりすることができます。

会話型ナルシストは、これらのリンクを自分自身を自慢する機会として利用します。代わりに、この人が共有する価値のあるものを持っているというリスクを冒してください。結局のところ、自分には他の人に見せたい素晴らしいものがあると信じていませんか?他の人にプレゼントをあげましょう。
もう 1 つの役立つテクニックは、自分と相手が異なる世界や種から来たエイリアン、またはまったく異なる種の生き物であると偽ることです。私たちは皆、共通の文化規範を共有しているにもかかわらず、大きく異なる内部宇宙に住んでいます。小さな一歩を踏み出してください。彼らがあなたとは別の場所に住んでいると仮定してください。それ以降は、これ以上推測する必要はありません。ただ、感謝の気持ちと偏見のない好奇心を持って、彼らが知っていることをあなたと共有するように勧めてください。

会話の知性と共感には練習と取り組みが必要ですが、今すぐ、または次の社交の場で取り組み始められる分野があるかもしれません。

あなたにとって会話は議論のように見えますか、そしてあなたの意見は非常に厳格で、別の視点を考慮することさえできませんか（それに同意すると言うのではなく、ただそれを認めるだけです）？
会話中に脅迫、混乱、怒りのせいで圧倒されてしまうことがよくありますか?他の人と話すときに、自分が防衛モードに入ってしまったことがありますか?これがあなたの共感能力をどのように阻害するか考えてみましょう。

あなたは、自分の意見を形成するためだけに、人の話に注意深く耳を傾けますか?言い換えれば、会話は、どちらかの側の発言を区別したり、自分の発言が攻撃されたときに反撃したりすることを楽しむ、2人の個人間の判断ゲームになるのでしょうか？

後で間違いだと判明するような間違いを犯していませんか?あなたは人々について何か思い込みをしていましたが、後でそれが間違いであったことに気づきましたか?あなたが現在抱いている仮定で、将来的には間違いであることが判明する可能性があるが、気づいていないものはありますか?

実を言うと、私たちは皆、会話の盲点を持っています。それはまさに人間の性質です。しかし、それらを正直に検討する意欲を持つことで、会話が存在する理由を思い出す機会を自分自身に与えることができます。単に自分の視点を広げるのではなく、敬意を持って好奇心を持って、他の人の視点から物事を理解しようとするのです。

人間は、境界を越えてコミュニケーションするため、つまり個人の認識を超えて他の人の世界に入り込むために、特に言語を作成しました。これが私たちの目的ではないのなら、私たちはただ自分自身を見つめるだけでもいいのです。
ディープダイブは進行中かつ早期に実施
親しい家族や友人との会話は刺激のない会話に終わることがよくありますが、最近出会った人との会話が最も豊かで有意義な出会いとなる場合もあります。

2022 年の『Journal of Personality and Social Psychology』に掲載されたカルダスとエプリーは、見知らぬ人との深くて有意義な会話は非常に価値があり、ほとんどの人が予想しているよりも価値があることを発見しました。人々は通常、見知らぬ人とのこの種のチャットは気まずい、または不快なものであると考えています。しかし、まったくそうではないかもしれません。

研究者らはランダムに人々をペアにし、恐怖や夢などの話題を与えて議論した。話す前に、彼らは参加者に会話がどのように進むかを予測するよう求めました。このようなデリケートな問題について話し合うのは気まずい、あるいは他の人にとって気にかけにくいかもしれないと大半の人が考えていましたが、対話の後は実際にとても楽しんでいることに気づきました。

この質問をさらに詳しく調べるために、テレビや天気などの典型的な世間話のトピックと、より深く有意義なことについて話し合うグループを対比させる別の研究が行われました。両グループを相互に比較したところ、研究者らは両グループが会話のつながりを過小評価しながらも、会話がどれほど気まずいかを過大評価していることを発見した。深い会話をしたグループは、浅いグループよりも気まずさを過大評価していましたが、会話の後は浅いグループよりもつながりを感じました。

では、これらの研究結果から何が分かるでしょうか?何よりもまず、見知らぬ人と世間話をするとき、私たちは物事がどれほど気まずいのかを誇張する傾向があることを覚えておくとよいでしょう。多くの人は、自分は新しい人に会うのが苦手だと思っているかもしれませんが、これは自分自身に言い聞かせている単なるフィクションかもしれません。もう 1 つの驚くべき発見は、世間話に関する従来の通念が常に当てはまるとは限らないということです。別の説明があるかもしれません！
最初は、よく知らない人に連絡を取るのは、威圧的で複雑に思えるかもしれません。実際には、予想よりも簡単でやりがいのあるものになる可能性があります。

大きな話をすると思うと怖くなっても、パニックに陥る必要はありません。自分の心の奥底にある秘密を暴露したり、大きな社会規範を打ち破ったりする必要はありません。しかし、浅い話題がいつも気になるなら、自分にとってもっと重要な話題について話し合う許可を自分に与え、他の人にも話す許可を与えてください。本当の自分を隠したり、ふりをしたりする必要があると感じることなく、より本物で、人道的で、傷つきやすく(それにより、私たちはより信頼され、好感を持たれます)、共感しやすく、共感できるものになることで、「大きな話」は、ひどく落ち込んだり支配的になることを意味する必要はありませんあらゆる会話。むしろそれは本物であることを意味します！

簡単な例としては、誰かが「やあ、調子はどうですか？」と尋ねたときに正直に答えることが挙げられます。この質問が適切だと思われる環境にいるとき。おそらく、「わかりません、おい。今日は、何もかもが異常なスピードで進んでいるように見える日の1つのようです、とにかく進歩がありません。」と答えるかもしれません。これを想像してみてください。美容院で、あなたはスタイリストに次のように言います。「正直に言うと、私はいつも自尊心が低いことに悩んでいたので、今日カットに来たときは自信がありませんでした。」「でも、あなたは私の認識を完全に変えてくれました。あなたは本当に並外れたスタイリストです、ありがとう！」あるいは、バス停で元気な幼児 2 人を連れた母親が通り過ぎるのを見ながら、隣にいる仲間の 1 人にこう言いました。かつて私たちの中にこれほど無邪気な人間がいたとは想像もできません。」

思いがけない瞬間の誠実さは、ありふれた状況であっても喜びをもたらすことがあります。最初はぎこちなく感じるかもしれませんが、他人の幸福に心からの関心を示すことは、時間が経つにつれて日常の一部になるはずです。

これをチャンスと考えてください。私たちは、何かがどれほど危険で厄介なことになるかを過大評価しがちです。　-そして、あなたが自信を持って穏やかな方法で心を開くと、他の人がどれほど歓迎されるかに驚くでしょう。カルダスとエプリーの研究によると、人は他人が自分のことを本当に思っている以上に自分のことを気にかけてくれないと信じる傾向があるということは、真のつながりに対する最大の障壁は、自分が本当に考えていることや感じていることを人は評価してくれないという思い込みかもしれないということです。

したがって、あまりよく知らない人とより機密性の高い話題に取り組む際に留意すべき重要な項目をいくつか紹介します。

苦情を言うのは避けてください。本物であるということは、表面的な雑談をやめて、代わりに自分自身でいることを意味します。

正直とは、多くの場合、人生の輝かしい側面について弱音を吐いたり、ネガティブなことを考えたりせずに弱さを保つことを意味します。ですから、「いや、私はなんて成績不振なんだ！」と言うのではなく、「私は自尊心の低さに悩んできたのです」と言ってみましょう。

人に要求をしないでください。共有するのは問題ありませんが、自分の脆弱性やオープンさを、他の人が特定の方法で対応する義務があると感じているように見せないように注意してください。深い秘密を持った人に突きつけられ、それを共有するよう要求されることを好む人はいません。同様に、あなたが個人的なことを共有して、他の人を決して同意しない状況に陥らせたり、他の人に圧力をかけたりしているだけであると人々が認識した場合、これは押し付けがましいと思われ、不快な印象を与える可能性があります。

あなたの存在が必要とされている、または期待されているという印象を与えることなく、枠を超えずに、ただ正直で誠実なことを言ってください。

誰かに特定の方法で答えるよう圧力をかけないでください。そうしないと、状況が気まずくなります。

決してやりすぎないでください。少しの工夫は大いに効果があり、ユーモアを取り入れることで人々を本当に安心させることができます。後でもっと気楽になる前に、何か感動的なことを言ってください。時には、最もインパクトのある瞬間には、バランスをとるためにちょっとした気楽さが必要です。

コールドリードによる予測

コールドリーディングは、「超能力者」やその他のペテン師が、観客に実際よりも他人のことをよく知っているという印象を与えるために使用する悪名高いテクニックです。この戦術は、秘密の観察、提案、誤った誘導、誘導的な質問、および高確率の推測を利用して、聴衆の心がほぼ読めるかのように見せかけます。たとえば、テレビの霊能者が「心臓に問題を抱えた老人に会っているのですが、助けてもらえますか？」と主張するとき。または、「最近誰かが亡くなったと思うのですが、手伝うことはできますか?」などと言ってみましょう。
「D が付いた名前を聞いたことがありますか?」聴衆の中には、亡くなったポールの祖父ポールのように、年上の愛する人に心臓病を経験した人がいることはほぼ確実なので、心臓発作で彼を亡くしたという人がこの言葉を繰り返すと、彼は心臓病を経験することになります。霊能者は、単に人を見た、または特定の名前がまったく言及されていないと主張する前であっても、この部分を素早く通過し、代わりに男性の懐中時計が見えると主張する傾向があります。

観察すると、あらゆる詳細がさらなる調査の機会となる可能性があります。ボディーランゲージ、外見、ジェスチャーに注意してください。おそらく、誰かが「私」ではなく「私たち」と言い続けたり、名前がエリーであるにもかかわらず「M」のネックレスをしていたり、他の人が座っているときに誰かが立っていたりする可能性があります。

コールドリーディングには協力が必要です。コールド リードされている人は関与しているとは感じていないかもしれませんが、実際には一緒に遊んでいます。コールド リーディングでは、参加者は自分自身のつながりを作り、アイデアを提供し、読者が推測したり、その推測を真実にする方法を発見したりするのを手伝うことが求められます。これにより、コールド リーディングが懐疑的な人にはうまくいかないことが多い理由が説明されます。

会話を始めると、自分の仮定のいくつかをテストし、関係を改善し、うまくやればほとんど超自然的に見えるかもしれない洞察を他の人に伝えることができます。

リダイレクション。ただし、間違って実行しても問題にはなりません。人間であるということは、間違いが判明する多くの間違いを犯すことを意味します。このようなことが起こったら、単に肩をすくめて、何も起こらなかったかのように肩をすくめ、その場から離れ、代わりに望ましい反応が得られることに集中してください。魔法です。

初デートでコールドリーディング戦術が採用された、この普通の会話を見てみましょう。

A：　ただし、本題に入る前に、警告しておきますが、私は人を読むのが得意です。
B: 本当ですか？ A: そうですね、これに関しては第六感があるんです（黙って）。

B：　わかりました…見せてください。これまでの私の第一印象はどうでしたか？まだ少ししか話していないのに、すぐに判断しないでください…

A: よろしいですか?前にも言ったように、私の精度は気が遠くなるほど正確です。

B：　怖がらないでください。私が知らないことについて、あなたが私について明らかにできる新しいことは何もないでしょう。

A：　始めましょう。あなたは真実をありのままに認識する知的な人物のようですね。しかし、あなたの中には承認と賞賛を渇望する何かがまだ残っています。

B：　はい、それは本当かもしれません…私は自分自身を何かを渇望しているとは言いません…

A：　いいえ、渇望という言葉は間違っています。この発言で私が言いたかったのは、人々の承認は必要ないが、彼らの考えは評価するということです。

B: 正解です！
この例は、両者がコールド リーディングを試みているように見える不自然な例に見えるかもしれませんが、B の観点からすると、A の観察は彼女にとって突拍子もないものに見えるはずです。Aさんはどうやってやったの？

その仕組みは次のとおりです。

彼は積極的に協力を求めました。この場合、彼は沈黙する前に人の気持ちを読むのが得意だったので、彼女は彼に促す必要があると言いました。同様に、「私はこれについて間違っているかもしれませんが、あなたは...というような人ですか？」などと言って、相手を合図したり、場を設定したりすることができます。警告では、両方の側で起こり得る間違いも考慮に入れています」

会うと、どこからともなく会話が始まりますが、Ａ さんはこの重要な会議の前にすでに多くの観察を行っていました。彼女に会ってから数分以内に、Ａ さんは、簡単な語彙で十分なのに複雑な語彙を使っていること、小さな猫が代数方程式を実行しているジャンパーを着ていることに気づきました。また、彼女がデートに向けて素敵に着飾ろうとしていることにも注目しました。彼は、この人は知性をアイデンティティの中心に置きながら、そのような手段を使って自分や他人に印象的な第一印象を与えているのではないかと推測しています。

彼は、彼女が「私をどんな人だと思いますか？」ではなく、私についてどう思うかを尋ねていることに気づきました。これが、第一印象と相まって、多少の摩擦を生み出します。
彼女は彼に好かれたいと切望しているようで、これは彼女が彼に自分を評価することに投資していることを示唆しています。これらすべての要素を慎重に検討した後、彼は次のように推測しました。「あなたはとても賢そうに見えますが、心の奥底では承認を求めている部分がまだあります。

彼は、彼女が以前に「私が自分自身についてまだ知らないことは何も教えてくれないと思うよ」と言っていたので、「物事をありのままに見る」と付け加えた。これは、彼女が自分は高い自意識を持っていると信じていることを意味します。それでも、ふざけて「怖くないよ」と言い、「きっとあなただよ」とコメントすることで、彼女は彼に対してふざけて挑戦を仕掛けていたのだ。彼女は彼に正しく推測してもらいたいのです！

彼の知性の推定が間違っているかどうかは関係ありません。誰もが自分自身を知的であるという考えを好みますし、人は他人からの承認を必要とするという彼の考えにほとんどの人が同意するでしょう。バーナムの声明は、具体的であるように見えますが、非常に一般化されているため、ほぼすべての人が同意するであろう主張を行っています。

「あなたは普段は親切で思いやりがありますが、誰かがあなたに反対すると非常に怒ることがあります。」（ここでは、単に何も言わないことですべての根拠をカバーしています！）

「あなたの家の大きな引き出しには、ガラクタがいっぱい入っているはずですよ！」
あるいは、過去に家族と問題を抱えていた可能性が高くなります。

「あなたは非常に興味深い人物で、多くの人とは異なる考え方を持っています。
（これはお世辞の試みとして受け取られる可能性がありますが、繰り返しになりま
すが、より一般的な意味で...）」

女性が自分のことを「渇望」と解釈していることに抗議する会話の最後の行に注目
してください。実際、彼女は彼の解釈に同意していませんが、Ｂ　は自分自身を修
正するために非常に迅速に行動したため、最初から彼が正しく解釈したと思って
います。ここで、Ｂ は迅速に行動します。彼女が「渇望」が意味するもの（必要性や
他人からの承認）が気に入らなかったことを見て、Ｂ　はすぐにそれを彼女にフィー
ドバックします。「いいえ、渇望は間違った言葉です。私が言いたいのは、あなた
はそうしないということです」人の承認は必要ありませんが、他人からの承認も求め
ないでください。つまり、私が言いたいのは、人々の承認は必要ないということで
す。私が言いたいのは、まさにそのことです。」すぐにそれを彼女にフィードバック
します。
感謝してください。彼は、何も間違いを犯していないのに、誤解されているかのよう
に振る舞っていますが、それはうまくいきます。

Aさんのコールドリーディングテクニックが効果的です。コールド　　リーディングで
は、観察結果を根拠に基づいた推測や仮説にまとめ、それを投げて何が戻ってく
るかを確認します。ここでは、オープン　ループを使用した確率の高い推測が特に
うまく機能する可能性があります。相手の発言すべてに注意を払い、後で共有す
る前に相手の発言を頭の中に集めて、あなたの読書テクニックによって相手が理
解されていると感じられるようにします。

集中することで親密さが生まれるため、会話中のコールドリーディングは注意深く
聞くことに大きく依存します。超能力者ではありませんが、会話が上手な人は、他
人に起こっているすべてのことを過剰に意識するよう努めます。私たちのナルシス
ト社会では、これは超能力者であるとさえ考えられます。親密さとつながりを目標と
して忘れずに、相手が自分の役割を果たし、あなたがよりよく知り合うことができる
ように、物事を温かく、遊び心を保ちます。たとえあなたの読解精度が期待を下
回っていたとしても、ここでの重要な成功要因には、彼らを楽しませる、安心させ
る、あなたがどれほど面白いと思っているかを示すことが含まれます。ただ注意を
払って注意深く観察してください。

タイミングがすべてであり、場合によっては、素晴らしい会話をするための鍵は、いつ終了するのが最適かを知ることです。不快な会話から抜け出せなくなって、もう終わりにしたいと切に思ったことはありませんか？彼らも外に出ようとしたのだろうか？

アダム・マストロヤンニらは、2021年出版の『心理学と認知科学』の記事でこの質問に答えようと試みた: 相手が私たちに継続を望んでいると思うため、すべての会話が罠になったらどうなるだろうか?この研究では、参加者が最長 45 分間のフリーフロー対話を行った後、いつ十分になったか尋ねられるまで、932 件の会話が分析されました。その後、いつ終了するのがより適切だったかを尋ねられました。会話の相手がいつ話を終わらせたいのか誰も知ることができず、各自がいつ話をやめなければならないかを推測するしかありませんでした。

その結果、会話は、双方が望んでいるときに終了しないことが多いことが明らかになりました。会話が望んだときに終わったと報告したのはわずか 2% でした。70% 近くが短縮を望んでおり、ほとんどが少なくとも半分の短縮を望んでいた。研究者たちはこの現象を発見しました。

会話が両方の会話者にとって、あるいは一方の会話者であっても、希望の時間に終了することはほとんどなく、希望の継続時間と実際の継続時間の間の平均的な差異は約半分でした。会話を交わす人たちは、いつ自分の欲求を終わらせたいのかを知ることはほとんどなく、その欲求が自分の欲求とどれほど異なるのかを過小評価していました。これらの研究は、会話を終了することは、機密情報を互いに共有する必要があるため、人間が単純に克服することができない調整の難しい問題であることを示唆しており、そのため、ほとんどの会話は誰も望んでいないのに突然終了してしまうのです。」

それで、ここで何が起こっているのでしょうか？研究者らは、人々がそのような会話に囚われるのは、私たちが本当の感情を見せて相手を怒らせたくないという思いから、本当の感情を隠す傾向があるためだと理論付けています。たとえば、私たちは内心では「ああ、これはもう終わらせなければいけない」と思っている一方で、表面上は「え？ なんて面白いの！ もっと教えて」などと言って礼儀正しいように見せているかもしれません。他の人がいつ話すのをやめてほしいかを予測するのに苦労するのは不思議ではありません。私たちはあまりにもうまくそれを隠していることが多いのですから。

研究者らは、個人の 64% が他人の欲望に関して、両方の方法で誤った推測を行っていることを発見しました。どのように対応すればよいのでしょうか？ 人々は短い会話を楽しむ傾向があります。たとえ婚約していても、相手はどちらにしてもシグナルを送信しない可能性が高いため、相手がどのように感じているかを実際に知ることはできないかもしれないことを前提として考えてください。

会話を終えるべきだと感じたときに話し続けるのではなく、適切だと思われるときに会話を終了することで安全を確保してください。実際、早期に終了させると、より強力で生産的な終了を作成することができ、双方が将来の会話でさらに話し合うことに熱心になります。そして、前向きな方向で離脱すれば、双方とも将来の話し合いでさらなる対話を望む気持ちになるかもしれません。
人と会うときにすべてを話さないでください。いくつかのことを言わずに残し、緊張感を醸し出せば、誰かを無視できるかもしれません。

会話を終わらせるときは、落ち着いて自信を持って接することが重要です。

しっかりしてリラックスすればするほど、物事はスムーズに進みます。

ステップ 1: 適切な瞬間を待ちます。会話の 1 つのスレッドが終わっても、別のスレッドの速度がまだ上がっていない瞬間や、会話で何か興味深いことがまだ出ていない瞬間に耳を傾けてください。何かを中断したり、強制したりしないでください。むしろ、会話が自然に自然にフェードアウトし、終了する時間が来たときに終了するまで待ちます。

ステップ 2: 明るい雰囲気で始めます。会話がとても楽しかったとか、会話から何か新しいことを学べたなど、会話を締めくくって要約するような褒め言葉をかけて、楽観的な口調を想定しましょう。そうしないと、たとえ不成功に終わった議論であっても、拒否されたように感じる可能性があります。

ステップ3: 言い訳をする。これは長くても複雑である必要もありません。「もう飽きた」という理由以外に会話を終わらせる別の理由があることを伝えるだけです。これは、両方の部分での礼儀と機転を示しています。

ステップ 4: しっかりと外します。会話を終わらせたいという意思を示したら、思い切った行動をとってください。待っていても事態が気まずくなったり、相手をイライラさせたりするだけです。フレンドリーで温かく、オープンな姿勢を保ちながら、その人から突然の行動を取り除きます。ただ笑顔を忘れないようにしましょう。

誰かが「それで、私たちは娘にその名前を選んだのです！」と説明して逸話を要約したとします。するとあなたは「すごいですね。それでも、賢明に選んだと思います。レベッカってエレガントな名前ですね。」と答えます。その後、どちらかまたは両方が出発の時間が来たことに気づくまで、二人でしばらくうなずき、微笑みながらそこに立っていました。その時点を過ぎると、他の誰かが話す必要が生じます。すぐに話を始めるか、「とても楽しいおしゃべりでした。会話がどれほど楽しかったかいつも忘れてしまいます。でも、後で会えるかもしれません。今週末の PTA の会合でしょうか？」と提案して会話をそらします。彼らは笑顔で「もちろんです！」と答えるだけで十分です。そして、どちらかが出発する前に出発します - そこには問題ありません！

魅力という概念から始まったこの本を締めくくりましょう。魅力とは具体的に何を意味しますか？これまで見てきたように、私たちの非常に多くの人は、単に魅力的であることが実際に何を意味するのかを誤って理解しているために、魅力的になることができません。たとえば、カリスマ性と魅力はまったく異なる意味だと考えます。

ちょうどいいタイミングで、面白いことや気の利いたことなど、必要なことを言います。

私たちは知的で、素晴らしい洞察力と意見で他の人に感銘を与えます。

私たちは自信に満ちていて、魅力的で、カリスマ性があると思われています。私たちはエンターテイメントを提供します。

しかし、「会話の天才」なら誰でも同意しないだろう。その代わり、彼らは、その人を魅力的にするのは、話を聞く能力、存在感、そして遊び心に満ちた好奇心だということを教えてくれます。会話をする上でそれ以外は何も重要ではありません。それでも、それは難しい場合があります...

スマートなパンツや超クールで自信に満ちているように見せる必要はありません。自分の意見を表明し、声を上げる人はすでにどこにでも十分います。ソーシャルメディア サイト、ニュース チャンネル、本や雑誌を見て回って、テレビを見てください。人々はどこにいても、面白く、面白く、興味をそそるものになろうとしています...そして誰が気にするでしょうか。

私たちが最も感謝する傾向にある人々は、本物の、温かく刺激的なつながりを築くことができると感じる人々です。誰でもそれができます。必要なのは、いくつかの常識的なトリック、自分の考え方を徐々に調整すること、そして練習することだけです。

第6章 包括的なテーマ

アクティブ リスニング アクティブ リスニングは、受動的なリスニングを通じて複雑な情報の処理を容易にしながら、相手の視点に対する敬意と関心を構築するため、あなたが持つことのできる最も強力な会話スキルの 1 つです。また、アクティブ リスニングは、お互いのニーズを理解するのに役立ち、コミュニケーションを効率化します。これにより、誰が何を必要としているのかを把握できるため、反応における慎重さが減ります。

同時に、他人の話を真に聞き理解するためには、自分のエゴを脇に押しのける必要があります。この積極的な傾聴のプロセスでは、私たちに伝えられている内容を理解するために、私たちの心のさまざまな部分が関与します。
セラピストは積極的な傾聴の優れた例となります。彼らは、クライアントの話を聞くときは、明確な目的を持って慎重に耳を傾け、聞いていることが不明瞭または不確実であると思われる場合には、オープンで明確になるようクライアントに促します。

セラピストは言い直しや説明のテクニックを採用し、患者に詳しく説明してもらいます。彼らの主な目標は、瞑想、明確なボディランゲージ、共感の精神を通じてコミュニケーションをとりながらクライアントに安心感を与えることです。これらの要素がセラピー専門家を前進させる原動力となります。
プロの聞き手としての彼らの目標は明確です。それはクライアントの話を聞くことです。他の人の話を聞くときに、自分自身についても同じことが言えるでしょうか？

積極的な傾聴には、話者とのやりとりの中ですぐに実践できるいくつかの具体的な応答や質問が含まれます。これらはすべて、あなたが感情を共有し、同じ感情面にあると相手が感じられるように設計されています。そうでなければ、相手に伝えられるのではなく、頭の中に留まるだけなら、話を聞いても何の役にも立ちません。

アクティブリスニングは理解することから始まります。したがって、最初のステップは、他の人がスピーチで何を言っているかを理解することです。彼らが私たちと同じ言語を話す場合、このプロセスはかなり迅速かつ簡単に進むはずです。

他にも障害があるかもしれません。たとえば、なじみのない専門用語やスラングを使用することです。私たちが完全には理解していない世代間の地位や文化の違い。または、感情的な互換性があるため、その瞬間に相手のニーズや欲求を確認できます。最も効果的にするには、会話を始める前に、自分が話し手と同じ感情面にいることを確認してください。

誰かの言っていることが理解できない場合、明確さを得る優れた方法は、「私が 5 歳のときのように説明してもらえますか?」と尋ねることです。5 歳児は会話ができますが、すでに理解している言葉を使って、より複雑なシナリオをゆっくりと説明する必要があります。あなたがはるかに若いかのように物事を説明してもらうと、見下したり恩着せがましいと思われるのではないかという不安を和らげることができます。

理解するために助けが必要となる可能性があるその他の記述:

"どうしたの?" 「あなたの話を聞かせてください。」"どういう意味ですか?" 「自分で説明してください。」「この部分を説明してもらえますか？」

理解できない、または邪魔であると思われても恐れることはありません。ほとんどの人は、答えを知っていると感じたがります。私たちは皆、自分自身の経験から得た専門家を持っています。実際、自分が経験している誤解について率直に伝えることで、人間関係が強化され、新たな教訓が得られることもあります。これを、学ぶためにもっと熱心に聞く機会として組み立てると、さらに有益になるかもしれません。

保持します。情報を保持するということは、単に今言われたことを思い出すだけではありません。むしろ、話し手が伝えようとしていることに注意深く耳を傾け、効果的に応答できるようにすることを意味します。ここでは、単純な事実や出来事を超えて、ストーリー全体を求めています。ここで重要なのは、関連する質問をすることで、できるだけ彼らの立場に立つことです。

私たちが聞いているとき、私たちの心は、より個人的に響く詳細や、私たちが情報を思い出すのに慣れている方法に当てはまる詳細だけを保持する傾向があります。しかし、この傾聴のアプローチは、より良い聞き手になろうとする上で誤解を招く可能性があります。

例: 誰かが行ったデートについて私たちに話した場合、私たちはその出来事の具体的な詳細を覚えているかもしれません （どのレストランや映画館に行ったか、食事が含まれているかどうかなど）。あるいは、より一般的な物語（相手がどのような人格を持っていたか、それがどのように「感じられた」か、以前の日付とどの程度似ているか、または異なっているか）を思い出すこともできます。

無意識のうちに、私たちは自分に共鳴する物語の断片を選び出し、自分自身の内側で別のバージョンを構築することがあります。あなたもこれを直接経験したことがあるかもしれません。誰かと何かを共有するとき、その人はあなたの計画にはなかった側面に固執します。確かに「聞かずに聞く」方法としては効果的です。

会話は、各当事者が自分の考えを話し、自分の意見を伝える方法を見つけようとしているため、一方的になることがよくあります。これは当然のことであり、当然のことですが、積極的に傾聴するには、自分のエゴを脇に置き、相手の言葉を直接聞くことに集中する必要があります。つまり、レンズを通して相手の言葉を解釈するのではなく、相手の言葉だけを解釈する必要があります。

質問は、物事を枠組み化し、他の人の言葉やアイデアに焦点を当て続けるための優れた方法です。必要なデータをすべて確実に取得するには、次のように尋ねてみてください。

それはあなたにとって何を意味しますか？」

「念のため言っておきますが、その後何が起こりましたか？」「ちょっと待って、彼女はどうやってそれにアプローチしたの？」「それは物語にどう関係しますか？」「それはどう感じましたか？」「あなたの反応はどうでしたか？」

応答しています。アクティブリスニングには、知的かつ適切な方法で応答しようとするリスナーの積極的な参加が必要です。そうしないと、話者が虚空に向かって話していることに気づく可能性があります。一部の人が信じていることに反して、聞くことは決して受動的ではありません。適切な応答は、会話相手が話し合っている内容に対する私たちの関心を示しています。

あなたが提示された情報を積極的に聞き、理解し、保持していると仮定します。適切な返答をすることで、あなたの理解を示します。誰かと話していて、相手があなたが話している言語を理解しているかどうかわからないと想像してみてください。彼らは理解している兆候を示しません。聞こえていると感じますか？だからこそ、応答を提供する必要があります。

保持と同様に、私たちの反応が私たち自身のエゴやアイデアを反映しないことが重要です。自分に都合の良い方法で会話を誘導、操作、解釈しようとしたり、何らかの議題を押し付けようとしていると思われるような答え方は避けるべきです。代わりに、自分自身の偏見を持たずに、他の人の感情や意見を理解するように努めてください。返答するときは客観的になってください。

スピーカーA:　はい、だから私はディナーパーティーに参加するのが好きではありません。

回答者B:　　　それはおかしいですね！その男性がケーキから飛び出してきたとき、ショックを受けましたか、それとも不安になりましたか？

スピーカー　A: がっかりしたというよりも、圧倒されたというよりは。私は、Temperance League　にはもっと洗練されたものを期待していました。回答者B:　かなり忍耐力が試されたのではないでしょうか？

スピーカー　　A:　確かにいくつかの改善が見られました。しかし、それは私に、娯楽予算に境界線を設けることの重要性を教えてくれました。
アクティブリスニングでの応答は、話者の発言を反映する必要があります。私たち自身の意見や視点を提供するのではなく、パートナーの考えや感情に深い関心を示す必要があります。アクティブリスニングでの良い反応は、双方が自分自身をより完全に発見するのに役立ちます。

事実ではなく、パートナーの考えや感情に応答してください。効果的に応答するには、相手が言ったことを言い換えるだけで十分なことがよくあります。言われたことを自分の言葉で言い直してください。応答するときは、相手の視点に立つよう努めてください。現在の状況に関係のない提案やアイデアを追加すると、気が散ったり、唐突すぎたりする可能性があります。最後に、パートナーが伝えていることをすべて完全に理解するまでは、パートナーの言っていることと矛盾したり反対したりする意見を言わないように注意してください。それでも強い判断は避けてください。

積極的に傾聴することで得られる肯定的な反応には、次のようなものがあります。

「あなたの話は私にとって興味深いものです。

「それは＿＿＿＿の状況のようです。」

「あなたの気持ちは分かります。

「何かを変える必要があると感じているのはわかりますが、何が起こってほしいですか？」

こんな状況でも大丈夫ですか？」

積極的な傾聴には、話している人の視点や人生経験を完全に理解して吸収し、その情報を建設的な方法で適用して、より深い知識や洞察を得る努力が伴います。あなたは、自分が彼らの世界を彼らの視点から理解していることを他の人に示したいと思っています。これを成功させるには、次のテクニックを 1 つ以上使用します。

パートナーの感情を自分の言葉で言い直したり、言い換えたりすることは、理解を深めるための優れた方法です。彼らが言ったことをただ繰り返すだけではありません。その本質を理解していることを示すことで、表現された内容を理解していることを示します。これは、一種のサポート応答として機能する可能性があります。前述したように、これはあなたの認識とコミットメントを示すことになります。あなたが言ったこと、彼らの期待、そしてあなたの理解の間に矛盾があることを彼らが見つけた場合、彼らはおそらくすぐにそして率直にあなたを正してくれるでしょう。

私はその状況に圧倒され、恐怖を感じました。

あなた：　それはとても恐ろしい状況だったと思います。どのように返答するのが最善かを知るのは難しかったに違いありません。

反射。言い換えの斬新な方法は、出来事やストーリーの要点ではなく、感情を中心に返信することです。振り返りは、あなたが相手の感情に直接アクセスできることを示すことで、相手の話をよりよく理解しているという自信を聞き手に与えます。自分の中でどんな感情が湧き起こっているのかを直接聞いてみましょう！

父は私に、その大学には入学できないとずっと言っていました。

あなた：それはひどい話で、拒絶行為のように思えます。意図的に要約することは、話者の話をより完全に説明するのに役立つもう1つのオプションです。

状況全体の理解を示す、アクセスしやすく簡潔な形式で言い直すことは、言い直すことに似ています。その代わりに、より広い概要を目指す必要があります。再ステートは再ステートに似ていますが、核となる感情、行動、目的を見失ってしまう可能性がある一方で、多くの要点や議論が言及されている可能性があるため、理解のためのより多くのテストを提供する必要があります。

あなたは：パン屋があなたの注文を間違えて、ディナーが焦げてしまい、あなたの子供の誕生日パーティーにピエロの代わりに催眠術師を送り込んだのですか?確かに私は怒りを感じるでしょう！

感情にラベルを付ける。他の人と話すとき、話者は、あなたと話し合っている内容の物理的な詳細に行き詰まってしまうことがよくあります。まだ言葉にできていない感情を特定しながら、敏感になるように努めてください。これを行うのは難しいことではありません。必要に応じてポジティブまたはネガティブな感情を述べるだけです。しかし、誰かの感情に正確にラベルを付けると、あなたが超能力者のように見える可能性があります。行き過ぎたり、個人的なアイデアをこの問題に注入したりしないように注意してください。

上司は私の仕事にもっと注意を払うことを怠ったことを深く謝罪し、これからは全力で仕事に取り組むと約束してくれました。

あなた：わあ、それはあなたにとても安心して力を与えてくれたように感じますね。もしかしたら、少し傲慢になっているかもしれませんね?
探る。話す相手からより深い理解と意味を得るには、相手からより深いレベルの洞察と理解を引き出すような誘導的な質問をします。ほとんどの人は、誰かを調査するときに、よく練られた、あまりにもおこがましい質問に答えることに喜びを感じます。人々がどのように感じているか、反応や欲求を推測するか、単に彼らの思考の流れを一緒に動かし続けることによって、予測はあなたの関与を示すと同時に彼らの思考の流れに乗っていることを示します　-　予測は、あなたが彼らの幸福を深く気にかけており、経験を望んでいることを示すことができます彼らの感情も一緒に！

その女性がスーパーであなたの子供を殴ったとき、どんな気持ちでしたか?そして、どのように答えるつもりでしたか？

沈黙。沈黙は、言葉よりも雄弁に多くのことを語ることがあります。沈黙は、すべての参加者が自分自身と自分の考えを振り返り、まとめるための短い時間枠を確保すると同時に、激しいまたは不毛なやり取りによって引き起こされる緊張を軽減するのにも役立ちます。

彼ら：そのとき、スカイダイビングは自分には向いていない、特に仕事に関係する場合にはそうはいかないと決心しました。

あなた自身：

説教したり、求められていないアドバイスを与えたり、不必要な安心感を与えたりしないでください。誰も。

2　位にされることを喜ぶ人はいないため、発言者はこれ以上の議論を打ち切る必要があると感じるかもしれません。

彼ら：そして何よりも悪いことに、彼は便座を置くことを覚えていないのです。

あなたを批判する: 今にして思えば、そもそも彼にトイレに入るのを許可したのはあなたの間違いでした。

アドバイスは求められていません: 彼があなたの要求を受け入れるまで、バスルームを封鎖するのが賢明です。

心配しないでください。明日は素晴らしいチャンスをもたらします。

率先して自由に質問する　パートナーの幸福に対する気遣いを示すために、パートナーの経験についてノンバイナリーの質問を投げかけます。こうすることで、あなたが目の前の状況に関して単なる事実指向以上のものを維持しながら、意見を求めることに熱心であることを示します。

駐車券と駐車料金に何百ドルも費やした後、縦列駐車には私たちの側でさらに努力が必要であることに気づきました。

それはあなたにどのような影響を与えますか: それによってあなたの感情はどのような影響を受けますか?学習に関してどのような計画を立てていますか?

アクティブリスニングには、たとえその専門家だと思っている人であっても、真剣な献身と練習が必要です。しかし、その恩恵は計り知れません。真の理解、情報の流れの容易さ、敬意の向上などは、定期的に実践することで得られるメリットのほんの一部です。積極的に傾聴することで、私たちは自分の感情を抑えながら、他人の感情に気づく習慣を身につけようとします。

ディッシングアウト
私たちは皆、こうした迷惑な知ったかぶりを知っています。自慢したり見せびらかしたりする「技術的に正しい」人々。しかし、会話の相性が良いかどうかは、印象的な事実だけに依存するわけではありません。むしろ、それは単に交換される内容ではなく、感情的な経験に基づいて人々の間で形成されます。

自己開示をすることで、人にもっと好かれやすくなります。自己開示とは、自分自身についての情報を開示することを指します。これにより、他人からのあなたへの関心と感情的投資が増加し、その結果、人々がより親密になり、よりオープンに自分自身を共有するようになります。自己開示が機能するのは、自分が他の人たちに共感され、一緒にいて快適に感じられる二次元の人間として見えるからです。他の人も自己開示するとき、それが本当のつながりの始まりです。

以前にこれを経験しましたか？ 多分。おそらく、あなたの関係はよく言えばカジュアルなものでしたが、一方または両方が感情的に自分自身を明らかにし、より心を開くための措置を講じたとき、突然上昇スパイラルに転じました。ただし、これは通常、すぐには起こりません。したがって、ビジネスの第一原則と同様に、誰かが最初に行動し、自ら変化を起こすことによってこの変化を開始する必要があります。自分自身についての情報を共有して、他の人がより自由に自分自身を明らかにするよう促すことで、相手も自分自身を明らかにする可能性が高まるかもしれません。

残念ながら、あなたは再び同僚の間で好感度を高めるという責任に直面することになります。

もっとシェアする
今は、人々を遠ざける可能性のある多すぎる(TMI)情報から、好感度を高めるための有益でプライベートな情報（たとえば、いくつかのことを隠しておく）まで、自分自身についてどの情報を公開するかを決定するのが難しい時期です。人は、より多くのことを共有することになると、ミステリアスで自信に満ちているように見える側（「クールな男」を思い出してください）を間違える傾向があります。

驚くべきことのように聞こえるかもしれませんが、一般的に、より多くの情報を開示するほど、好感度は高まります。 TMI（情報が多すぎる）は、実際に好感度を高める可能性があります。それが友達のつながり方だからです。恥ずかしがったり抑制したりせずに過剰に共有することは、実際には 2 人の個人間の親密さ、信頼、親近感の表れと見なされます。実際、古いアドバイスでは、新しい関係を築くために、誰かがすでにあなたの友達であるかのように振る舞うことを示唆しています。そうすることで、私たちは警戒されたり自己検閲されたりすることから離れ、欠点を隠しながら本当の自分を明らかにしながら、自分らしくいることに近づくことができます。

したがって、たとえ自分が TMI の領域に入りつつあると感じたとしても、まったく何も明らかにしないよりはまだマシです。人々があなたのことを本物で、珍しく、注目に値する人物として覚えている限りは。言い換えれば、人間は完璧よりも優れているということです。

人付き合いは怖いものかもしれません。現実であろうと認識されていても、判断されたり認められなかったりすることへの恐怖は常にあります。私たちはこの不安に反応して、知らず知らずのうちに自分の周りに壁を築いてしまうことがあります。感情的になりすぎたり、弱いと思われたくないのですが、控えめにすると、自信があるというよりも臆病に見え、人々がすぐに忘れてしまう、インスピレーションのないバージョンの自分が残ります。最初の外見にもかかわらず、性格があまりにも一般的で当たり障りのないままである人々を多くの人が嫌悪感を抱きます。おそらく彼らは、あなたの全人格が完全に現れていないことに気づいたのではないでしょうか？
考えていることを共有してください。 TMI (組織の薄い情報) には、社会全体で物議を醸すと考えられる性的な出会いや意見が含まれる場合があります。丁寧な会話ではこうした話題は許されませんが、親しい友人関係ではこのルールを破ることが多いため、普段は共有しない情報を過剰に共有することで影響力が増し、人々からの好感度が高まる可能性があります。誰かがあなたの視点に同意し、あなたと友達に戻ることに前向きに見えると、いわば水門を開けることができます。

あなたが他の人にもっと自分自身を明らかにするとすぐに、あなたと彼らの間により多くのつながりポイントが生成されます。自分の好きなものや嫌いなものを明らかにすることで、他の人も共感することができ、お互いの類似点や相違点を踏まえたつながりを築く機会が生まれるかもしれません。好み、意見、好き、嫌い、好き、嫌い、感受性、記憶、感情、考え、逸話などを明らかにしたらすぐに、それがあまりにも多すぎる場合は、自分自身をからかったり、恥ずかしい秘密を暴露したり、とんでもない、しかし一般的なことを共有したりして、自分自身をからかいましょう害のない意見や記憶…誰かをターゲットにするなら、それは常にあなた自身であるべきです！

パーティーであまりよく知らない人々と初めて会う自分を想像してみてください。通常、これは気が遠くなり、見知らぬ人からの気まずさや拒絶感を引き起こす可能性があります。しかし、この本のヒントを使えば、釣り、アニメ、編み物など、一見無関係な趣味に関する話を会話のきっかけとして利用して、自分自身、興味のあること、状況に対する反応、性格全般についてもっと共有することができます。

これら 3 つの要素のいずれかを好む (または単にイベントに対するあなたの視点を理解できる) 部屋にいる全員が、あなたとつながり、その共通点について会話を始めることができます。必要なのは、より詳細な情報を提供するか、個人的な物語を伝えることだけです。機密情報を漏らす危険を冒す必要はありません。

これを想像してみてください。自己開示を高めるために、通常は 1 つだけで応答する詳細な文を 3 つ提供します。たとえ週末が退屈だったとしても、必要に応じて取り組めるように、詳細を 3 つ挙げてください。最初は無関係に感じるかもしれませんが、これはあなたが他の人に自分自身をどれだけ明らかにしていないかを示すのに役立つかもしれません。

感情を共有する。感情は普遍的なものであるため、強力です。アメリカ人からオーストラリアの原住民、アフリカの低地の人々に至るまで、世界中の誰もが同様の感情、反応、表情を共有しています。科学的研究でもこの事実が確認されています。世界中のすべての文化は、他の文化の笑顔やしかめっ面が何を意味するかを認識できます。これは、すべての人間が同様に感情を感じ、表現することのさらなる証拠です。

したがって、自分の感情を他の人に表現し、知らせることは、人々の間に絆を築く確実な方法です。表現を通じて、私たちは原始的で普遍的かつ非言語的なコミュニケーションチャンネルを解き放ちます。感情を共有すると、より人間らしく、共感できるようになる。あなたが自分の意見についてあえてオープンにすると、他の人も安心して自分の意見を表現できるようになり、あなたの意見に同意または反対することもできます。自由に、自信を持って共有することで、彼らも私たちに対して自由に自分を表現しても大丈夫だということが伝わります。たとえば、何かが私たち全員をどれほど幸せにしているか悲しいかについて話すなど、以前よりも深い対話につながる会話が始まります。

他の人が共有しない傾向にある感情を活用することは、他の人と強いつながりを築くのに特に効果的です。たとえば、新婚生活の喜びを共有すると好意的な反応が得られる可能性が高いですが、人生で起こった予期せぬ出来事について、面白くも恥ずかしい話を共有したほうが、おそらく人々の反応は良くなるでしょう。私たちは皆、社会的なマスクを着用しています。仮面の裏にある本当の人間を示すような感情を見せることで、より深いつながりを築くことができます。

個人的なストーリーを共有します。こうすることで、あなたがよりリアルで立体的に見えるようになります。時々違うように感じるかもしれませんが。
私たちは毎日、同じような状況や葛藤に直面しています。歯磨きや朝起きるのが嫌なことから、仕事や何らかのプロジェクトに至るまで。おそらく、あなたの人生のストーリーの中に、人々が共感できる部分があるでしょう。そうすることで、彼らはあなたに親近感を抱くだけでなく、自分たちも同じような試練を経験したことを笑いながら話すことができます。多くの場合、これにより、彼らはあなたのストーリーからインスピレーションを得たストーリーを共有する独自の旅につながります。

もっと発言し、普段は共有しないことを共有するだけで、他の人とより本物で自発的になり、何もないところからより多くの会話を生み出すことができます。声に出して考えるのも効果的です。音を立てるだけで、一度に脳から湧き出るアイデアの数が増加します。

気の遠くなるようなことかもしれません。あなたは幼い頃から、自分のことは内に秘め、プライバシーを守るように教えられてきたはずですが、今では、自分自身について快適以上に共有することで、長年の教えに反していることに気づきました。他の人があなたの話が個人的すぎると感じるかもしれないという心配が生じるかもしれませんし、あなたの意見や奇妙な話が誰かに気にかけているのかどうか疑問に思うかもしれません。しかし、他の人が自分自身をもっとオープンにすると、人々は実際に非常に肯定的に反応し、それが仲間内でのより誠実さとリラックスへの誘いとなるからです。自分のことをもっと共有するだけで、彼らの注目を集め、絆を築き、楽しむことが簡単にできるようになります。

ただし、自分自身に重点を置いて会話の流れを曖昧にしないように注意する必要があります。人前で話すあらゆる機会を利用するのではなく、耳を傾け、質問し、共有するというすべての標準ルールが引き続き適用されます。その場合にのみ、追加の共有は適切ではありません。他の人のストーリーを中断して、さらに共有できるようになります。審査なし
社交的な場面でさらに個人的な詳細を明らかにするかどうかまだ迷っている場合は、その利点を裏付けるいくつかの研究を紹介します。

ヒルトンとフェインは、人々が他者について判断、思い込み、固定観念的な評価を行う原因を理解するために、1989 年に調査を実施しました。事実や理由を十分に調査することなく、すぐに結論を急ぐ人がいるのはなぜでしょうか?

研究者らは、人々がある対象や人物についての情報が不足している場合、脳が一般的な表現の固定観念を使って空白を埋め始めることを発見しました。私が誰かを、カントリークラブに所属し、高級車に乗り、テニスをし、ラクロスが好きだと説明すると、おそらくそのような人物のイメージが頭の中に形成されるでしょう。あたかも私たちが自分の偏見や思い込みを他人に投影しているかのようです。状況が曖昧になればなるほど、個人的な解釈の余地が大きくなります。

ヒルトンとフェインの研究では、個人に関するランダムな詳細を与えるだけで固定観念が減り、人々の間の信頼が高まり、それによって個人をグループの固定的な表現からユニークな個人に変えるのに役立つことが明らかになりました。限られた情報が存在する場合、私たちは誰もがステレオタイプの表現として記述されているものと完全に一致すると仮定する傾向があります。

何らかの点で誰かについてより多くの情報を得ると、1つまたは2つの特徴だけではその人を定義できないことがわかり、固定観念を持って判断するのをやめます。アニメ、編み物、釣りが好きだと言うなど、あなたの人生について一見どうでもいいような詳細を提供することで、人々にあなたのことをもっと好きになってもらい、固定観念を減らし、より感情を移すことができます。そのような詳細を提供することは、人々がアニメファンに対して抱いていた不利な思い込みを打ち消すのに大いに役立つかもしれない。これは、人々が「ああ、ステレオタイプではない。ここには複雑な人間がいるのだ！」ということに気づくのに役立つかもしれません。
人々は、TMI を不快な社会的失敗と見なすことがよくあります。しかし、実際には、それによってあなたはより好感を持たれ、信頼できるものになる可能性があります。知人としてどちらを好むか考えてみましょう。冷静で、高い能力を備え、感情的に調和している人です。謝罪することなく意見を表明できるほど自信を持ちながら、個人的な欠点を共有するのを平気で行う人はいますか？もちろん、あなた自身に関するこの情報は中立的なものではなく、肯定的なものであることが望ましいでしょう。

自分自身について一見些細な情報を共有することで、他の人が自分のことを知っていると感じ、あなたが誰であるかについて思い込みを止めることができます。人々は、あなたに対して疑いを持たなくなり、あなたと接するときに疑いを益するようになります。言い換えれば、あなたは脅威ではなくなり、より知り合いのような存在になります。人々があなたをより完全に信頼し始めるにつれて、より多くの人に自分自身についての洞察を提供することで、あなたをさらに友達に変えます。

あなたが共有する詳細があなたのアイデンティティ、キャリア、脅威ではない性質や人生に直接関係しているかどうかは関係ありません。メガネのブランドの好みや色の好みなど、一見無関係に見える詳細であっても、他人によるあなたに対する固定観念や思い込みを払拭するのに非常に貴重であることがわかります。自分についてのより多くの詳細を公開することで、人々があなたについて誤解したり固定観念を持ったりすることによって、あなたを判断したり固定観念を抱いたりすることが少なくなります。

たとえば、テニスをしていてカントリークラブに所属している人が、子供の頃は貧困の中で育ち、テニスの奨学金で大学に通い、古い車を運転し、食べ物はブリトーを好んでいたと知ったらどうなるでしょうか?それは彼らに対する私たちの見方を変えるでしょうか?絶対に。以前のように、私たちが現在持っている情報が少ない中で、それらについてより多くの仮定を固定化し、一般化するのではなく、私たちの理解は、それらが当てはまるあらゆる固定概念や一般化を超えるようになり、ある意味、これにより、それらをどのカテゴリーにも当てはめることが不可能になる、または一般化が不可能になるはずです - 人々は目に見えないものであなたを判断します、そしてその逆も同様です。

より多くの情報が得られるとすぐに、人は三次元のキャラクターになります。それらはもはや、映画の登場人物の平坦な伝記ではなく、説得力があり、心を掴む魅力的な物語の一部なのです。私たちの理解はさらに深まり、最終的には人間は複雑な集合体であり、どのような固定概念や枠にもきちんと当てはめることはできないということを理解するようになります。実際には、特に注目すべきことは何も行っていませんし、関連する必要なデータや洞察も提供していません。

好感度を高めるために過度に共有すると、人々はあなたのさまざまな側面を知っていると感じることができます。それを行う簡単な方法は、一方的に情報を共有することです。誰かがあなたの週末について尋ねたとき、「よかった、どうでしたか?」という標準的な答えをしないでください。応答 - 簡単な質問に答えるときに、代わりに３〜４つの明確な詳細を提供することで、より詳細な情報を提供する習慣が身に付き、会話の流れが全体的に良くなります。これは、共有がゼロで、交換される情報が限られ、代わりに判断と固定観念が発生する例です。

どこの出身ですか?
オクラホマ州出身の人に出会うと、オクラホマ州についての固定観念が自動的に頭の中に浮かんでしまいます。彼らについて他に何も知らず、そこでの経験もなければ、その人を判断するために残されているのは、その人を特徴づける１つの特徴、つまりオクラホマ出身であることだけです。

ここでは、求められていない情報を提供することがなぜ有利であるかを示す例を示します。

どこの出身ですか?
私はオクラホマ州で生まれましたが、両親はフランス出身なので、幼少期のほとんどを頻繁にフランスを訪れて過ごしました。さらに、私は8匹の犬を飼っています!

今度はこの人を箱の中に入れてみてください。同一人物である可能性はまだあり
ますが、彼らについて入手可能な情報が多すぎるため、それはほとんど不可能に
なる可能性があります。彼らについてもっと知ることで、彼らはより親近感が湧き、
面白くなりました。そして、なぜ 8 匹の犬がいるのかと不思議に思うかもしれませ
ん。

求められていない情報を共有すると、他の人があなたとつながりやすくなります。
あなたの人生の詳細を提供すると、彼らは簡単に共通点を見つけて関係を築くこ
とができます。自分自身に関する親密な情報や個人的な情報を他の人と共有す
ることで、弱さを見せながらも信頼を築き始めます。
より多くのコンテンツが利用可能になるにつれて、人々がつながりを見つけ、有意
義な関係を築く機会が増えます。

アーサー・アーロンは 1997 年に、共有することは単に他人の批判的な意見を軽
減するだけではないことを発見しました。また、関係者間に感情的な親密さと投資
も生まれました。実際、より親密な、または詳細な詳細を共有すると、よりよく受け
入れられると考えられていました。

彼は参加者を 2 つのグループに分けました。あるグループは、「あなたの最も恐ろ
しい記憶は何ですか?」などの 36 の個人的で親密な質問を互いに尋ねました。
「あなたの一番大切な思い出は何ですか?」脆弱性と不安を明らかにするため。対
照的に、2 番目のグループには、日常の事柄に関する表面的な世間話の会話の
みを行うように指示されました。

一般的に人々はリスクを冒すことを好みませんが、この研究の参加者は指示に従
い、それを実行することに積極的でした。私たちのほとんどは、他人を怒らせたり、
自分自身を過剰に見せたりすることを恐れており、それは恐ろしいことです。しか
し、お互いにデリケートな質問や押しつけがましい個人的な質問をする任務を
負った人々は、より高いレベルの信頼、親密な関係、そしてお互いの安心感を築
き上げました。たとえ彼らがこの調査研究以前にはお互いを知らなかったとして
も。以下に質問の例をいくつか示します。

1. 有名になりたいのですが、その理由は何ですか?

個人の本当の価値観や、自分が何に優れていると認識しているかによって、その
人の最も深い願望や空想がわかります。

2. 90 歳まで生きて、普通の 30 歳の人の心か身体を救えるとしたら、その選択をするには何が必要ですか?

それぞれの個人についてもっと学ぶにつれて、彼らの身体的および精神的な価値観を理解できるようになります。さらに、これにより、相手が誠実であるか不誠実であるかについての洞察が得られます。

3. 自分の育て方について、何を変えたいと思いますか?

人の過去や歴史についての洞察を得る。彼らの後悔や子供時代が幸せだったかどうかを明らかにします。非常に個人的な秘密を発見するのは興味深いかもしれません。

4. 明日目が覚めたときにどのような状態になりたいですか?
誰かにこの質問をすることで、その人の人生における願望や価値観を知ることができます。彼らは、自分にとって最も重要な 1 つの特質や属性、あるいは自分に欠けていると感じる側面を答えるかもしれません。

5.　何かをしたいと思っていても時間が取れなかったことがありますか?なぜまだその実現に向けた一歩を踏み出していないのでしょうか？

人は誰でも夢や後悔を持っています。誰かにこの質問をすることで、その人の後悔だけでなく、その目標をもっと早く実現できなかったことに対する後悔を知ることができます。自分で積極的に行動することで、この質問をすることで、後になって自分で夢を実現するのを待つのではなく、夢を実現するよう後押しすることになるため、質問した相手の好感度が高まります。

しかし、もう一方のグループは、そのようなレベルの信頼、自信、親密さを確立することができず、基本的に感情的な親密さの初期レベルに留まりました。アーロンは、あなたが他の人と情報を共有すると、彼らはあなたをさらに好きになり、親密に感じられることを実証しました。知識を共有することは、より強い関係を築くための小さな一歩ではなく、単なる見知らぬ人を超えて親密な関係に移行する素晴らしい機会を意味します。世間話は単なる世間話ではありません。それは有意義な友情を築くための大きな一歩を表しています。

セオドア・ニューカム氏の研究によると、人は自分に似ている人を好む傾向があり、これは類似性誘引として知られる効果です。ニューカムは、住宅目的で 1 つの家に集合させる前に、セクシュアリティや政治などのテーマに対する被験者の意見を測定しました。同様の視点を共有する人々は、通常、異なる視点を持つ人々よりも実験が終わるまでに最終的により友好的になりました。

さらに、バージニア大学とセントルイスのワシントン大学の研究者らは、空軍新兵は、肯定的な性格特性よりも否定的な性格特性を共有する空軍新兵とより仲良くなる傾向があることを発見しました。必ずしもその通りである必要はありません。必ずしも同意する必要はありません。しかし、自分自身についてもっと共有することで、類似点が見つかり、他の人があなたを好きになるのが早くなるかもしれません。
最終的にその人との共通点が見つからなかったとしても、その人の正直で率直で自信に満ちた行動は、依然として他の人から高く評価されるでしょう。人々は特定のキャラクターや有名人を批判するのが大好きです - おそらくあなたも何人か知っていますか?だからといって彼らの好感度が下がるわけではありません！
たとえあなたが彼らの見方に同意しないとしても、誠実な人は一般に好感が持て、魅力的です。

ネットワーキング　イベントやパーティーで新しい人に会うときに最初に考えたことは、類似点を探すことでした。これらには次のものが含まれます。どこの出身ですか？ここで誰を知っていますか?あなたにとって良い週末でしたか?どこの学校に通っていましたか?この人は休暇が終わったら家に帰りますか?これらは、この種の集まりでよく聞かれる質問かもしれません。確かに他にもありました。

あなたの計画は何ですか (WGAP)
このような質問は標準的な世間話の質問のように見えるかもしれませんが、多くの場合、アイスブレイクに役立つからではなく、無意識のうちに質問してしまいます。しかし、おそらく経験したことがあるでしょうが、これらの質問は人々をすぐに退屈させる傾向があり、質問の間に不快な沈黙を招く可能性があります。

人間として、私たちは何も考えずにこのような質問をしてしまう傾向があります。私たちの潜在意識は、私たちに共通点を見つけることを望んでいます。それは「私もです！」より深い対話が生まれる瞬間。したがって、たとえば「学校はどこに行きましたか?」と尋ねるとき、私たちの目標は、彼らが私たちの大学、または共通の友人がいる大学のいずれかに通って、さらなる対話やより深い議論につながる可能性があることです。たとえば、「どこの学校に通っていましたか?」と尋ねるとき、私たちは、彼らが私たちと友情の絆を共有している教育機関に通っているか、出席していることを望みます。「Oh! What a small world...あなたの時代にもそこに行ったJames Taylorを知っていますか?」と尋ねると、「Oh! What a small world...」フォローアップの質問は、次のようなものであることがよくあります。「ああ、なんて小さな世界でしょう。あなたと同じ頃に大学に通っていたジェームス・テイラーを知っていますか。」

あなたは気づいていないかもしれませんが、あなたは個人間に友情を築き、快適さを生み出す類似点を常に探し求めています。その感情を共有すると、信頼関係がすぐに高まります。

私たちは自分がオープンマインドで、さまざまな背景や出身の人々と仲良くできると思いたいかもしれませんが、実際には、私たちは似ていると思う人々とより深い絆を築く傾向があり、実際、彼らを探し求めています。

リトル　イタリー、チャイナタウン、コリアタウンなどの地区が存在するのはそのためです。
しかし、私が言っているのは人種、肌の色、宗教、性的指向のことだけではありません。私が言っているのは、私たちと同じように価値観、世界観、物事に対する視点を共有する人々のことです。「羽の鳥」という言葉です。ここに当てはまる傾向があります。この行動は、私たちの種がどのように進化したかに由来しています。ツンドラや森林を歩いていると、あなたを殺そうとしている動物がいる可能性が高く、見慣れない人や異質な人、そして異物と思われるものを本能的に避けます。これらの脅威による危険！

類似点は、人々が他の人よりも私たちをより親密に理解しているように見えるため、人々とより強いつながりを築くのに役立ちます。たとえ 1 つでも大きな類似点を共有すると、私たちはその人を自分と同時代の人、または自分自身の延長であると見なすようになります。これにより、つながりのプロセスが簡単になります。また、この人はあなたの経験を他の人よりも理解しているので、近くにいたいと思うでしょう。

あなたは人口970人から1,000人が住む南アフリカの田舎の村で生まれ、現在はロンドンに住んでいて、たった8歳しか違わないのに一度も会ったことがない友人の一人が主催するパーティーに参加していると想像してみてください。今までに。

あなたはこの相手とその特徴に対してどのような第一印象を持ちますか?あなたの間にはすぐに温かい感情が芽生えますか、それについての仮定、そして将来のつながりの計画はありますか？これまで他の人には出たことのない内輪ジョークや興味深い点について話し合うことはできますか?

この図が、類似性の重要性と、類似性が会話の架け橋を形成する能力を強調していることを願っています。

一見すると、世間話の質問は、個人間の類似点を明らかにする効率的かつ効果的な方法のように思えるかもしれませんが、もっと良い方法があるかもしれません。そのような方法の 1 つは、類似点を積極的に検索したり、類似点を作成したりすることです。どちらも私たちの努力とイニシアチブが必要です。

類似点を探すということは、人々に徹底的な質問をし、その回答を基礎として、たとえどんなにわずかであっても類似性を示すことを意味します。
小さなことから始めましょう。質問をして、人々の好きなもの、嫌いなもの、そして彼らの考え方を学びましょう。次に、自分の中で検索して、好きな野球チームや飲み物など、より深いつながりにつながる可能性のある小さな共通点を特定します。それらの類似点が野球チームであっても、飲み物であっても!時間が経つにつれて、何が人々を動かすのかを発見し、すぐに絆を深められる深い人々を見つけるでしょう。南アフリカの小さな町出身の人に出会ったり、あまり知られていない趣味への興味を共有できたら素晴らしいでしょう。

人間関係を築くのに何年も何か月もかかることも、一緒にブートキャンプをするような特別な状況も必要ありません。むしろ必要なのは、自分の外側に目を向けて、人々が似たような態度、経験、感情を共有していることに気づくことだけです。ただそれらを発見するだけです。自然なことよりも深く質問したり、深く調べたりすることに抵抗がありません (5 回連続で質問するのは奇妙ではありませんか? そんなはずはありません)。最初は煩わしいと感じるかもしれませんが、それらを見つけて使用してください。

ミラーリングは、ポジティブな感情を生み出すために、人々のボディーランゲージ、声のトーン、話す速度、外見をコピーすることによって類似点を生み出す方法です (Anderson 1998)。他の人に似るように自分をアレンジするだけで、ポーズやジェスチャーに至るまで、似ていると感じることができます。

彼らの言葉、声の調子、マナーを反映して、親密なつながりを育むのに役立つ同様の価値観を共有していることを証明します。ミラーリングは単に他人を丸ごとコピーすることではないことに注意してください。むしろ、あなたが自分自身をある程度のレベルで複製することに十分気を配っていることを彼らに示す必要があります。

鏡としてのあなたの仕事は、誰かが話すときに示す物理的な信号、ジェスチャー、チック、マナーを再現することであるべきです。たとえば、相手が話すときに多くのジェスチャーを使用する場合は、その行動を自分自身で反映する必要があり、その逆も同様です。同様に、相手のボディランゲージが前かがみになったり、腕を組んだりする動作を繰り返している場合は、あなたもそれを真似する必要があります。

類似点を簡単に特定できるように、彼らの言葉の表現と表現力 (声の調子、抑揚、言葉の選択、スラング/語彙の使用法、感情のイントネーション/興奮、エネルギーレベル) を再現します。個人情報を共有すると、すぐに発見される可能性が高くなります。

発言 1: 最近スキーをしましたか?

発言 2: あなたは先月 2 人の兄弟と一緒にスキーに行き、スキー旅行中に足を骨折しそうになりました。

どのストーリーが共感しやすく、共通点を見つけやすいでしょうか?情報量が3倍なので当然第2版です。他の人とつながるのが難しい場合は、自分自身は何も共有せずに類似点を探している可能性が高くなります。

たとえ小さな詳細であっても共有するのが気まずくて強制的に感じられる場合、それは会話の相手があなたに返信する際に検討すべき材料をあまり持っていないことを示している可能性があります。他の人が活発なやり取りを期待しているのに、あなたが気まずい沈黙の中で座って、なぜ誰も興味を示さないのかと不思議に思っている間、代わりにすべてを話している人になるとき。

よくあることですが、不快感に慣れることは、将来的に自分自身を強化し、向上させることに役立ちます。

相互に嫌悪感を持つことは、類似点を共有することと同じくらい満足感を与え、さらに楽しいものになることがあります。各当事者間の不満が議論の対象となり、前向きな会話がネガティブな会話になることは避けられないことがあります。

ネガティブな話題に焦点を当てた会話は、つながりを求めるあなたには不必要に思えるかもしれません。ただし、ネガティブな感情は非常に強い感情であるため、それらは必要なものであると見なされるべきです。

新しいレストランをチェックするときに、どのようなレビューを読む可能性があるかを考えてください。肯定的でほとばしるレビュー、あるいは、飲食店の常連客としての行動を促すような怒りと敵意に満ちたレビューに遭遇する可能性があります。憎しみは他に類を見ないほど私たちを動機づけます。

人間関係カウンセラーの中には、人間関係が非常に成功していることの兆候の 1 つは、似たものや人々を嫌いになれることであるとまで示唆する人もいます。

ネガティブなことは決してネガティブなものとして見るべきではありません。それは単なる感情の 1 つであり、インタラクションで生み出せるものが多ければ多いほど、その影響は大きくなります。

最終的に重要なのは、再び一緒に戻ることです。全員で苦しみを分かち合った軍隊の新兵訓練所で築かれた友情を思い出してください。または、あなたがひどく嫌いな先生や朝のスケジュール。このような種類の絆は、多くの永続的な絆を生み出してきました。そのサイクルから簡単に断ち切らないことが賢明です。

概要ガイド – 25 の方法

第 1 章 – 悪い相互作用を防止する。

- 多くの人は、魅力の概念を誤解しているために、会話の中で魅力的に振る舞うことに苦労しています。しかし、訓練されたスキルを使えば誰でもカリスマ性を高めることができます。

- ミラーリングは信頼関係を築く効果的な方法です。ミラーリングは言語的、非言語的、または感情的に行うことができ、理解を表現し信頼関係を築くために世界中の多くの文化で使用されています。アルブレヒトの「3 つのルール」は、適切に話を聞き、バランスの取れた会話をするための指針を提供します。これは、宣言的発言（事実または事実として述べられた意見）、質問、または修飾語（「柔軟剤」）を利用することを意味します。各宣言文の間でバランスを保つために、質問や柔軟な表現を全体に散りばめる必要があります。アルブレヒトの「3 つのルール」を使用すると、会話のバランスを保つことができます。バランスを維持するために、必要に応じて質問や柔軟な表現を使用します。必要に応じて質問や柔軟な表現を使用する前に、連続する 3 つのステートメント内で宣言的なステートメントが 3 つを超えないようにしてください。

- 同様に、Anchor Reveal Encourage (ARE) メソッドは、雑談を簡単に行うのに役立ちます。まず、二人の間で共有された経験を特定します。このアンカーに関連する個人的な何かを明らかにします。次に、共有を奨励することで、双方が自由に貢献することを奨励します。

- 家族、職業、レクリエーション（趣味や興味）、モチベーション（目標）などの世間話のトピックについて話し合うときは、頭字語の FORM を覚えておいてください。

- 1 分間の信号ルールを心に留めて、長い応答を避けてください。30 秒が経過したら、その時間を発言の青信号とみなし、オレンジ色になったら、移行してさらに 30 秒ほど自由に発言する機会とします。

- ほとんどのプレゼンテーションでは 1 分が最適な長さであると考えられています。この時間を超えると聞き手に興味がなくなってしまう可能性があり、説

明が長すぎると完全に耳を澄ましてしまう可能性があります。短くすることを
忘れないでください。

第2章 水面下での接続

- 会話の魅力には、他の人と真につながることが含まれます。まず、判断を保留し、同意/反対の議論を脇に置いて、自己中心的な考え方から自分を取り除きます。すべての対話セッションでは、話題が誰であっても、積極的に耳を傾けながら注意を払ってください。 - そして、彼らの言うことをすべて自分に直接結び付けたいという衝動を避けてください。

- 信頼とつながりへの意欲を示す適切な開示を行うことで、信頼関係の 3 つの段階すべてを段階的に進めていきます。軽い開示には、恥ずかしい話を共有することが含まれる場合があります。中程度の開示には、信念や最も深い感情について話し合うことが含まれます。そして、大量の情報開示には、個人の脆弱性を共有することが含まれます。完全にオープンブックのままにしないでください。秘密を明かす相手も選択してください。

- つながりのストーリーを活用して、自分が誰であるかを他の人と共有します。無味乾燥な事実を伝えるのではなく、あなたがどのような人間であるかを真に伝える逸話を共有してください。

- カリスマ性があるということは、他人の経験や感情にレッテルを貼り、「〜のようだ」「〜のように聞こえる」などのフレーズを言い換えて共感的な理解を示すことで、注意を払っていることを示すことを意味します。

- 最後に、退屈しないでください！退屈な特性には、楽しみを減少させるものも含まれます。会話では、スマートに見せようとしたり、知的に思われようと頑張りすぎたりせず、カジュアルでリラックスした雰囲気を保ちましょう。

第 3 章. 発言に注意してください...

- あなたの声は効果的な非言語コミュニケーション手段です。希望の効果が確実に得られるように、ピッチ、音量、アーティキュレーション、ペースに注意してください。望ましい効果が確実に得られるように練習してください。

- 神経科学者のアントニオ・ダマシオは、人は論理ではなく感情に基づいて意思決定を行うことを発見しました。これがあなたの行動を説明するかもしれません。

- 他の人と有意義なつながりを築きたいとき、重要なのは誰に話すべきかを知ることです。

- 豊かで充実した、「完全な」と感じられる会話を作成します。結論を出さずに物語を語り始めるだけで、会話が行き詰まった場合でも後で戻ることができます。

- 新鮮で斬新で鮮やかな言語は、より魅力的な会話を実現します。比喩を使用して、複雑なトピックを共感できる言葉で説明します。説得力のある言葉や鮮明な画像を使用して感情的につながります。あなたの熱意を伝えましょう！

- 会話では、競争したり演技したりするのではなく、つながりや話を聞くことに重点を置く必要があることに注意してください。即興コメディの「はい、そして」をガイドラインとして使用すると、物事が自由でダイナミックに保たれます。会話の目標についての先入観を捨て、出てくるものに従ってください。その結果、会話はより自然で楽しく、つながりを感じられるようになります。

第4章 言葉を使わないコミュニケーション (…そして言ってはいけないこと)

- 言わないことも同様に重要になる可能性があります。話すときは、自信や強調を伝えるために適切なタイミングで一時停止を入れ、聴衆があなたの発言を理解するのに十分な時間を与えるようにしてください。

- 80-20 ルールとしても知られるパレートの法則を使用し、会話の 80% が他人のこと、20% が自分自身のことになるように集中することを目指します。特定の話題を他人に押し付けたり、話を中断したりするのではなく、耳を傾け、質問し、注意を払いましょう。

- 微表情 (小さくて素早い顔の動き) に注意してください。特に、誰かの言っていることと一致しないように見える場合は注意してください。微表情は彼らの本当の感情を明らかにします。

- 彼らの感情を観察することで、彼らの状態をより深く理解できるようになります。

- 注意を払い、応答が迅速であることを確認してください。物事が控えめで応答性が高い場合、人はより容易に反応する傾向があります。

- ただし、物事が沈静化したように見えるときにパニックになるよりも、停滞しているように見える会話を終了するのが最善かもしれません。

- 自分が対立に向かっていることに気づいたら、一歩下がって、誰かの発言が認知的不協和を反映していないかどうかを評価してください。もしそうなら、それ以上押し進めるのではなく、一歩離れて、再び信頼関係を築こうと試みてください。押し込むことはさらなる抵抗を招くだけです。自分自身が相容れない意見や不合理な意見を抱くことに注意してください。

第5章 会話知能（CQ）を高める

- 魅力的になるには、社会的認識と会話的知性を養う必要があります。これを達成するには、共感と、現実のバブルの外に出て、会話中に存在する可能性のある盲点を認識する能力が必要です。

- 他の人もあなたと同じように考え、感じ、信じているとか、彼らの会話の経験があなたのものと一致するとは決して考えないでください。他の人があなたと共有するときは注意深く耳を傾け、心を開いてください。仮定や推測をするのではなく。

- 世間話に関する従来のアドバイスとは対照的に、見知らぬ人と意図的に深く話し合うことで信頼関係を築くことができ、そのような会話は予想よりも気まずくなくなるかもしれません。ただ、文句を言ったり、人々に特定の対応を強制したりしないように注意してください。

- コールドリーディングの原則を使用して、参加を呼びかけ、誤解の可能性が低い一般化された発言をし、誤った推測を軽視し、観察を収集し、あなたが実際に人々を気にかけていることを示すより多くの証拠を収集することによって、彼らのニーズに耳を傾け、理解していることを実証します。

- 人は受動的攻撃的な態度を保つことで、会話を終わらせたいという欲求を隠す傾向があります。ほとんどの人は会話が早く終わることを好みます。適切な機会を待ち、前向きな議論を始め、言い訳をし、温かくも不安を感じながら立ち去ることで、安全を確保してください。

第6章 包括的なテーマ分析

- この時点で、積極的な傾聴が鍵となります。このテクニックには、受信側で会話を行うことが含まれます。多くの人は、受け取ることは静かに座っていることと同じだと誤解しているかもしれません。私たちは、深い関係を築こうとするときに、積極的な傾聴のための 9 種類の応答を提供します。理解する、維持する、応答する、言い直す、反芻する、要約する、感情にラベルを付ける、誘導的な質問や沈黙で探ることは、積極的な傾聴が関係を深めるのに役立つほんの数例にすぎません。

- 過剰に共有するのは危険な決断のように思えるかもしれませんが、研究ではその逆が実証されています。他人に心を開くと、相手は私たちをより好きになり、信頼するようになります。自分自身についての詳細を共有し、人生経験について具体的な詳細を与えることで、自分を固定観念から区別すると同時に、他の人にとって人生がより魅力的で説得力のあるものに見えるようになります。

終わり